Thema Deutsch

Schülerarbeitsheft für die Sekundarstufe II

Traum oder Albtraum?
Aufklärung

Erarbeitet von Bernd Balg und Friedel Schardt

Ernst Klett Schulbuchverlag Leipzig
Leipzig Stuttgart Düsseldorf

Inhalt

1	**Einstieg: Leben wir in einem aufgeklärten Zeitalter?**	7

2	**Aufklärung: Philosophische Aspekte**	8
2.1	Epoche und Paradigmenwechsel	8
2.2	Paradigmen der Aufklärung	8
2.2.1	Übergänge	8
2.2.2	Paradigma: Erfahrung und Rationalität	11
2.2.3	Paradigma: Erfahrung und Skepsis	15
2.2.4	... und dann kam Kant ...	19
2.3	Was ist Aufklärung?	20
2.3.1	Noch einmal: Kant	20
2.3.2	Aufklärung aus heutiger Sicht	24

3	**Aufklärung: Literaturgeschichtliche Aspekte**	26
3.1	Literatur und Aufklärung	26
3.2	Wichtige Textformen	28
3.2.1	Fabel	28
3.2.2	Aphorismus	36

4	**Die Bühne: Die „Kanzel" des Dichters Lessing**	38
4.1	Neues im Bereich der Dramentheorie	38
4.1.1	Gottsched	38
4.1.2	Aristoteles	40
4.1.3	Lessing	43
4.2	Lessing: Emilia Galotti	44
4.2.1	Strukturen und Zusammenhänge	45
4.2.2	Lessings Konzept und die Virginia-Vorlage	48
4.2.3	Leitideen: Gleichheit und Tugendadel	51
4.2.4	Reaktionen von Zeitgenossen	53
4.3	Lessing: Nathan der Weise	54
4.3.1	Die theologische Vorgeschichte: Der „Fragmentenstreit"	54
4.3.2	Strukturen und Zusammenhänge	54
4.3.3	Die Ringparabel	57
4.3.4	Leitidee: Toleranz	59

5	**Abschluss: Leben wir in einem aufgeklärten Zeitalter?**	61

Zu Konzeption und Aufbau des Heftes

Das vorliegende Heft will Sie dazu anregen, sich mit der Epoche und dem Phänomen „Aufklärung" auseinander zu setzen. Sie werden sich in einige wichtige Aspekte einarbeiten. Dabei wird sich die Arbeit mehr und mehr auf den Bereich Literatur konzentrieren.
Das Arbeitsheft bietet die Möglichkeit, nach dem gemeinsamen Einstieg in die geistige Welt, die man mit dem Begriff „Aufklärung" bezeichnet, sowohl in arbeitsteiligen Gruppen als auch im Kursverband weiter zu arbeiten. Darüber hinaus werden reizvolle Möglichkeiten eröffnet, Projekte verschiedener Art in Angriff zu nehmen.
Einen Vorschlag zur Gliederung und Aufteilung des gesamten Arbeitsprozesses bietet die Verlaufsstruktur auf der folgenden Seite. Sie zeigt die Möglichkeit auf, den Kurs an zwei Stellen jeweils in zwei Großgruppen aufzuteilen und arbeitsteilig vorzugehen: zum einen bei der Behandlung der Textformen Fabel und Aphorismus, zum anderen bei der Interpretation der beiden Dramen von Lessing. Die Arbeitsergebnisse der Gruppen sollten jeweils anschließend im Plenum vorgestellt werden. Hierbei können vielfältige Präsentationsmöglichkeiten genutzt werden: Fragestellungen, Statements, Thesenpapiere als Diskussionsgrundlagen; selbst erstellte Texte zum Vortrag; Strukturskizzen zur Veranschaulichung von Zusammenhängen; Rezensionen usw. Insbesondere die gegenseitige Vorstellung der Dramen kann sehr kreativ gestaltet werden. Sie können einzelne Szenen anspielen oder als Videoaufzeichnung vorführen, Gerichtsverhandlungen inszenieren usw. Vorschläge zur Vorbereitung und Durchführung einer solchen kursinternen Präsentation finden sich jeweils mit unter den Aufgaben innerhalb eines Kapitels. Es obliegt der jeweiligen Gruppe, zu entscheiden, welche der Aufgaben sie in eine Präsentation münden lassen oder im Plenum behandelt wissen möchte. Sämtliche Aufgaben eignen sich genauso gut dazu, im gesamten Kursverband bearbeitet zu werden; das arbeitsteilige Vorgehen ist also nicht zwingend.
Sollen die arbeitsteilig vorgenommenen Projekte, insbesondere jene, bei denen es um die Interpretation größerer Werke geht, auch für die interessant werden, die selbst nicht am konkreten Projekt mitgearbeitet haben, so ist es dringend zu empfehlen, dass vor der anstehenden Ergebnispräsentation die Basistexte von allen gelesen werden.

Die verschiedenen Teilprojekte, die hier vorgeschlagen werden, lassen sich zusammenführen in eine den engen Kursrahmen überschreitende Präsentation, die sich der Frage stellt: „Leben wir heute in einem aufgeklärten Zeitalter?"
Die äußere Gesamtform und den Rahmen dieser abschließenden Präsentation sollten Sie gemeinsam festlegen. Denkbar ist hier ein breites Spektrum, das reicht von der Zusammenstellung einer kleinen Schrift zum Thema über eine Talkshow (vielleicht mit Beteiligung des Publikums), über die Gestaltung einer Ausstellung bis hin zur Konzeption einer Video- und/oder Computer-/Internetpräsentation. Es gehört mit zur Aufgabenstellung des Gesamtprojekts wie der Teilprojekte, geeignete Formen der Darstellung des Ergebnisses von Überlegungen, Arbeitsprozessen usw. zu finden, soweit sie, wie das gelegentlich der Fall ist, nicht vorgegeben sind.
Es ist aber auch sehr wohl möglich, dass Sie eine Ausweitung über den Rahmen Ihres Kurses hinaus nicht beabsichtigen. Selbst dann aber empfehlen wir Ihnen einen umfassenden Abschluss etwa in Form eines Studientages. Da wäre es dann sehr wohl möglich, Parallelkurse, Eltern, andere Kurslehrer als Gäste, aber auch als aktiv Beteiligte einzuladen. Im Rahmen dieser Veranstaltung (sie sollte auf jeden Fall den Rahmen von 1–2 Unterrichtsstunden überschreiten!) sollten Sie versuchen,
– die wichtigsten Ergebnisse Ihres Arbeitens vorzustellen
– zu überprüfen, was heute noch tragfähig, interessant, brauchbar oder doch wenigstens diskutabel ist
– noch einmal umfassend die Frage zu diskutieren: Leben wir in einem aufgeklärten Zeitalter?
Wofür Sie sich im Hinblick auf eine abschließende Präsentation auch entscheiden: Achten Sie darauf, dass der Gesamtrahmen so offen bleibt, dass er allen Teilprojekten genügend Raum lässt, seien sie in Inhalt und Gestaltung auch noch so unterschiedlich angelegt. Sie sollten sich weder hinsichtlich der Gliederung noch hinsichtlich der Inhalte oder der endgültigen Form der Darstellung allzu früh allzu streng festlegen. Sie würden dadurch die Arbeit im Detail zu sehr beeinträchtigen. In einem Punkt aber sollten Sie klare Vereinbarungen fixieren: Der Arbeitsplan und vor allem die Fertigstellungstermine müssen eindeutig fest- und dann auch eingehalten werden. Hierzu dient die angefügte Tabelle, die Sie selbst ausfüllen sollten. Es bleibt dabei Ihrer Entscheidung überlassen, welche Themenbereiche Sie auf welche Weise behandeln möchten.

Verlaufsstruktur (Vorschlag)

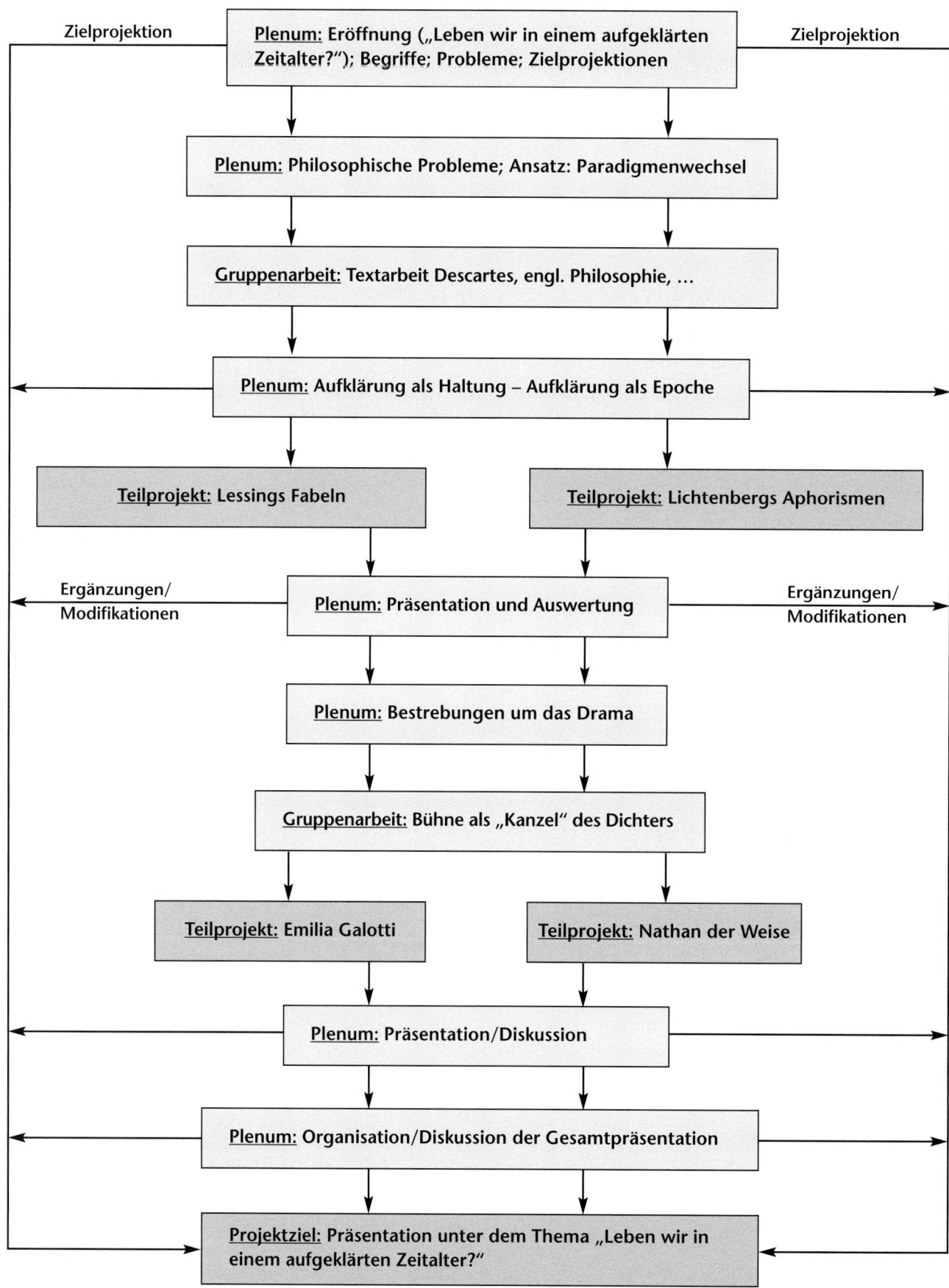

Arbeitsplan

Themenbereich	Arbeitsgruppe	Termin für den Abschluss	Termin für die Präsentation

1 Einstieg: Leben wir in einem aufgeklärten Zeitalter?

Daniel Chodowiecki: Aufklärung (Landschaft mit Sonnenuntergang, Radierung, 1791)

Wie ist das eigentlich?

Im Jahr 1783 erschien in der „Berlinischen Monatsschrift" ein Aufsatz von Immanuel Kant, der, wenn er nicht Epoche gemacht hat, doch wesentliche Aussagen zum Selbstverständnis einer Epoche machte. Die Zeitschrift hatte sich zum Ziel gesetzt gegen alles vorzugehen, was mit Aberglauben, Schwärmerei usw. zu tun hatte. Man wollte mittels Vernunft Licht in so manches Dunkel bringen, man wollte einiges „aufklären". So konnte es nicht ausbleiben, dass einer der Artikelschreiber der Zeitschrift eines Tages in einer Fußnote fragte: „Was ist Aufklärung?"

Kant stellte sich dieser Frage – und er erweiterte sie und fragte: „Leben wir in einem aufgeklärten Zeitalter?"
Wir werden uns mit dem Kant-Text an späterer Stelle auseinander setzen. Vorläufig sollten Sie sich aber der Frage stellen, die Kant aufgeworfen hat:
Wie sehen Sie für sich und Ihre Umgebung die Lage? Leben wir – über zweihundert Jahre nach Kant und der von ihm wesentlich mitgeprägten Epoche der Aufklärung – heute endlich in einem aufgeklärten Zeitalter?

- 1 Diskutieren Sie die Frage und notieren Sie die vorgebrachten Meinungen.
- 2 Versuchen Sie, einzelne Meinungen zusammenzufassen und einen oder mehrere Standpunkte zu formulieren.
- 3 Halten Sie die von Ihnen formulierten Standpunkte als Thesen für die weitere Arbeit auf einer Wandzeitung fest.
  Hinweis: Wir empfehlen Ihnen, auch andere Ergebnisse, Behauptungen, Vermutungen, die für das weitere Arbeiten wichtig werden, in ähnlicher Weise zu fixieren, um sie beim Weiterarbeiten buchstäblich immer vor Augen zu haben.

Sammeln Sie Material für eine Dokumentation zum Thema: „Von wegen aufgeklärtes Zeitalter!"

2 Aufklärung: Philosophische Aspekte

2.1 Epoche und Paradigmenwechsel

In jeder Epoche bilden sich eigene Vorstellungen von der Welt, vom Menschen, vom Staat usw. Man könnte eine neue Epoche geradezu dadurch definieren, dass man nach einem Wechsel solcher grundlegender Vorstellungen fragt.
Die Vorstellungen, die man sich macht, finden ihren Niederschlag in Erklärungsmodellen, in Geschichten und Rechtfertigungslehren usw. Sie befassen sich mit allem, was die jeweilige Zeit besonders beschäftigt, was ihr Probleme macht, womit sie fertig werden muss. Wir können eine Zeit und ihr Denken am besten dadurch zu verstehen versuchen, dass wir es auf uns nehmen, ihre Erklärungsmodelle, ihre Erzählungen, ihre Literatur, vielleicht auch ihre Philosophie zu ergründen.

■ 1 Schlagen Sie in einem Lexikon nach, was man unter „Paradigma" versteht. Fassen Sie die Erklärung zusammen und erläutern Sie:
   a) Welche Zusammenhänge bestehen zwischen „Epoche" und „Paradigma" bzw. „Paradigmen"?
   b) Was versteht man demnach unter einem „Paradigmenwechsel"?
■ 2 Welche Aufschlüsse über die alte und die je neue Epoche kann eine Untersuchung des Paradigmenwechsels geben?

2.2 Paradigmen der Aufklärung

2.2.1 Übergänge

Jacques-Benigne Bossuet: Die Politik nach den Worten der Heiligen Schrift

Jacques-Benigne Bossuet, Bischof, Prediger und Prinzenerzieher am Hofe Ludwigs XIV., schrieb 1682 für den Unterricht des jungen Prinzen einen „Fürstenspiegel".
[Buch II. Artikel I, 7] Das Volk Israel gab sich selbst eine monarchische Regierung, weil dies die allgemein übliche Regierungsform war. [...] Man findet sie
5 von Anfang an bei allen Völkern. [...] Rom hat mit ihr begonnen und ist schließlich zu ihr als zu seinem natürlichen Zustand zurückgekehrt. [...] Heute gibt es keine Republik, die nicht ur-
10 sprünglich Monarchen unterworfen gewesen wäre. [...]
Alle Welt beginnt also mit der monarchischen Staatsform, und fast die ganze Welt hat sie als die natürlichste Form
15 beibehalten. Auch hat sie [...] ihren Grund und ihr Vorbild in der väterlichen Gewalt, d.h. in der Natur selber. Die Menschen werden allesamt als Untertanen geboren, und die väterli-
20 che Autorität, die sie an den Gehorsam gewöhnt, gewöhnt sie zugleich daran, nur ein Oberhaupt zu kennen.
[8] [...] Wenn die monarchische Staatsform die natürlichste ist, so ist sie, wie
25 sich von selbst ergibt, die dauerhafteste und damit auch die stärkste. [...] Wenn man Staaten gründet, will man sich vereinigen; niemals aber ist die Einheit besser gewahrt als unter einem einzi-
30 gen Oberhaupte. [...]
[Buch III, Art. I, 1] Wir haben schon gesehen, dass jede Gewalt von Gott kommt. [...] Die Fürsten handeln also als Gottes Diener und Statthalter auf Er-
35 den. Durch sie übt er seine Herrschaft aus. [...] Deshalb ist, wie wir gesehen haben, der königliche Thron nicht der Thron eines Menschen, sondern Gottes selber. [...]
40 [2] [...] Aus alledem ergibt sich, dass die Person der Könige geheiligt ist; wer sich an ihnen vergreift, begeht ein Sakrileg. Gott lässt sie durch seine Propheten mit heiligem Öl salben, wie er die Priester
45 und seine Altäre salben lässt. Aber auch ohne äußerliche Salbung sind sie geheiligt durch ihr Amt als die Repräsentanten der göttlichen Majestät, die seine Vorsehung bestimmt hat, dass sie seine
50 Absichten erfüllen. [...]
[4] [...] Kommt ihre Gewalt von oben, so dürfen sie doch nicht glauben, sie seien Herren über sie, um nach ihrem Belieben davon Gebrauch zu machen.

Aufklärung: Philosophische Aspekte

Vielmehr sollen sie sich ihrer mit Scheu und Zurückhaltung bedienen, als einer ihnen von Gott anvertrauten Sache, über die Gott von ihnen Rechenschaft fordern wird. [...]

[Buch IV. Art. I] Die königliche Gewalt ist absolut. Um diesen Satz verächtlich und unträgbar erscheinen zu lassen, bemühen sich manche, eine absolute Regierung mit einer Willkürherrschaft gleichzusetzen. [...]

Ohne diese absolute Gewalt kann er [der König] weder das Gute tun noch das Böse unterdrücken: Seine Macht muss so groß sein, dass niemand hoffen kann, ihm zu entrinnen; der einzige Schutz des Untertanen gegen die Staatsgewalt muss seine Unschuld sein. [...]

[2] [...] Infolgedessen wird derjenige, der dem Fürsten den Gehorsam weigert, nicht etwa an eine andere Instanz verwiesen, sondern als Feind der öffentlichen Sicherheit und der menschlichen Gesellschaft ohne Gnade zum Tode verurteilt. [...] Der Fürst kann sich selber zurechtweisen, wenn er merkt, dass er Böses getan hat; aber gegen seine Autorität kann es kein Heilmittel geben als in seiner Autorität selber. [...]

[Buch VI. Art. I, 1] [...] Niemand kann nach dem, was wir ausgeführt haben, daran zweifeln, dass der ganze Staat in der Person des Fürsten verkörpert ist. Bei ihm liegt die Gewalt. In ihm ist der Wille des ganzen Volkes wirksam, ihm allein kommt es zu, alle Kräfte zum Wohl des Ganzen zusammenzufassen. Man muss den Dienst, den man dem Fürsten schuldet, und den, den man dem Staate schuldig ist, als untrennbare Dinge ansehen. [...]

[Buch VII, Art. III, 9] [...] Der Fürst muss seine Macht gebrauchen, um in seinem Staat die falschen Religionen zu unterdrücken.

aus: Jacques-Benigne Bossuet: Politique tirée des propres paroles de l' Ecriture Sainte, à Monsieur le Dauphin. Paris 1709. Zitiert nach: Geschichte in Quellen. Bd. III, Bayerischer Schulbuch-Verlag, München 1976, S. 450–452

Hyacinthe Rigaud: Ludwig XIV. (Gemälde, um 1700)

- Sehen Sie sich die Abbildung des „Sonnenkönigs" an und beschreiben Sie die Kleidung, die Haltung, die „Umgebung".
- Versuchen Sie, die Darstellung des Königs mit den Textaussagen in einen Zusammenhang zu stellen.

Aufklärung: Philosophische Aspekte

Ferdinand Jagemann: Christoph Martin Wieland (Gemälde, 1806)

Christoph Martin Wieland wurde 1733 in Oberholzheim bei Bieberach in Schwaben als Sohn eines evangelischen Pfarrers geboren. Nach einer pietistischen Schulerziehung begann er 1749 in Erfurt ein Philosophiestudium. Von 1750 bis 1752 studierte er in Tübingen Jura. Später arbeitete er bis 1759 als Hauslehrer in der Schweiz und anschließend als Kanzleiverwalter in Bieberach, bevor er 1769 als Professor für Philosophie nach Erfurt berufen wurde. 1772 holte ihn Herzogin Anna Amalia als Prinzenerzieher für ihre beiden Söhne nach Weimar, wo er bis zu seinem Tod im Jahre 1813 als Herausgeber einer Zeitschrift und als freier Schriftsteller lebte. Wieland zählt zu den bedeutendsten deutschen Aufklärern, erzielte aber auch durch seine Shakespeare-Übersetzungen große Wirkung.
Seine wichtigsten Werke: Der Sieg der Natur über die Schwärmerei oder Die Abenteuer des Don Sylvio von Rosalva (1764); Die Geschichte des Agathon (1766/7); Der goldene Spiegel oder Die Könige von Scheschian (1772); Die Abderiten, eine sehr wahrscheinliche Geschichte (1774/80); Oberon (1780)

aus: Christoph Martin Wieland: Antworten und Gegenfragen auf die Zweifel und Anfragen eines vorgeblichen Weltbürgers. In: C. M. Wielands Sämmtliche Werke, acht und zwanzigster Band, bey Georg Joachim Göschen, Leipzig 1797, S. 308–314; Text in originaler Rechtschreibung (Mit Sternchen* versehene Titel sind keine Originaltitel.)

Christoph Martin Wieland: Aufklärung und die Folgen*

Nichts ist wohl natürlicher, als daß in einer Zeit, wo jedermann grübelt, manche Sätze, welche in Jahrhunderten, wo nur Mönche grübelten, für unzweifelhafte Wahrheiten galten, zu Aufgaben gemacht und genöthigt werden die Titel zu zeigen, auf welchen
5 sich ihre so lange unangefochtene Gewißheit gründe. [...]
Dieses Mißtrauen muß um so viel größer werden, je mehr er (der gemeine Verstand) entdeckt, daß gewisse Leute sich sein gutherziges Vertrauen und seinen sorglosen Schlummer ungebührlich zu Nutze gemacht haben. Kommt dann noch eine naseweise Filosofie
10 dazu, die ihn unaufhörlich mit Fragen beunruhigt, auf welche er nichts andres zu antworten weiß als „fragt meinen Hofmeister", die sich aber mit dieser Abweisung so wenig befriedigen läßt, daß sie ihm vielmehr alles, was ihm sein Hofmeister von Kindheit an als heilige Wahrheit eingeflößt, eingesungen, eingepredigt und
15 eingeprügelt hatte, streitig und zweifelhaft macht; eine Filosofie, die kein Ansehen der Person und Würde, kein Privilegium des Alters, keinen Besitzstand der von Untersuchung des Titels befreye, gelten läßt, nichts Verborgenes unaufgedeckt, nichts Schimmerndes unangetastet, nichts Räthselhaftes unaufgelöst wissen
20 will; [...] und ist es endlich gar so weit gekommen, daß diese Filosofie ihre Wirkung, unter dem beliebten Namen der Aufklärung [...] über alle Stände einer großen Nazion ausgebreitet [...] hat: was Wunder, wenn endlich vor lauter Aufklärung, Freyheit zu denken, [...] die Köpfe zu schwindeln anfangen [...] ?
25 Die vorbesagte Filosofie, nicht zufrieden sich der höhern Klassen allenthalben fast gänzlich bemächtigt zu haben, macht sich auch Wege zu demjenigen Theile des Volks, der sich beym bloßen Glauben immer noch am leidlichsten befunden hat. [...] Wahrscheinlicher Weise wird, wenn man mit der Religion und der Priester-
30 schaft fertig ist, die Reihe auch an Untersuchungen kommen, die unsern weltlichen Gewalthabern in der Folge nicht behagen dürften, so gleichgültig auch das Gefühl ihrer Stärke sie jetzt dagegen machen mag. Denn auch sie wird man endlich fragen: Aus welcher Macht thut ihr dieß und das? Von wem habt ihr diese Macht
35 empfangen, und wem habt ihr Rechenschaft davon zu geben? Worauf gründen sich eure Vorrechte, Besitzthümer und Ansprüche? Habt ihr die Gewalt, die uns zu Boden drückt, von der Natur? Werdet ihr aus einer vollkommnern Masse gebildet als wir? Habt ihr mehr Sinne, mehr Hände und Füße? usw. Oder, wenn sich alle
40 eure Vorrechte [...] auf einen bloßen Vertrag zwischen uns und euch gründen; wenn alles, was ihr besitzt, bloß anvertrautes Gut ist und euer Ansehen keinen andern rechtsbeständigen Grund hat noch haben kann, als eine von uns empfangene bedingte Vollmacht, die wir alle Augenblicke zurück nehmen können, so bald
45 wir uns auf eine vortheilhaftere Art einzurichten wissen: wie könnt ihr erwarten, daß so aufgeklärte Leute wie wir in der wichtigsten Angelegenheit unsers zeitlichen Lebens – (des einzigen, welches uns übrig bleibt, nachdem uns eure Filosofen gelehrt haben, daß die Seele des Menschen in seinem Blute ist) – euch
50 eine willkührliche und unbeschränkte Gewalt über unsere Personen, unser Eigenthum und unser Leben einräumen werden? Ehe wir euren Verordnungen gehorchen, wollen wir untersuchen, ob sie uns glücklicher machen werden. [...] Und ehe wir uns an die Schlachtbank führen oder in Gefahr setzen lassen, unsre Fel-

55 der verwüstet, unsre Wohnungen angezündet unsre Weiber und Töchter geschändet, und unsre Söhne in die Kriegsknechtschaft geführt zu sehen, wollen wir vorher untersuchen, was uns daran gelegen ist, ob ihr etliche Quadratmeilen mehr oder weniger zu besteuern habt oder nicht.

■■ Der Text von Bossuet lässt die Paradigmen der absolutistischen bzw. „dogmatischen" Epoche erkennen. Der Text von Wieland stellt die Fragen der nachfolgenden „aufgeklärten" Epoche an den Absolutismus.
   a) Geben Sie das Modell, das der Absolutismus von sich selbst hat, wieder.
   b) Formulieren Sie knapp mit eigenen Worten die Fragen, die Wieland aufwirft.
   c) Untersuchen Sie anhand der Fragen Wielands, wo sich Ablösungen bzw. Übergänge abzuzeichnen beginnen.

■▶■ Formulieren Sie als Hypothesen: Welches werden die neuen Paradigmen der Epoche der Aufklärung sein?
Hinweis: Ziehen Sie auch die Ergebnisse Ihrer früheren Überlegungen und Diskussionen heran.

2.2.2 Paradigma: Erfahrung und Rationalität

René Descartes: Abhandlung über die Methode

Hauptregeln
[...] so wie die Menge der Gesetze häufig als Entschuldigung für Laster dient, so dass ein Staat weit besser eingerichtet ist, wenn es in ihm nur wenige gibt, diese aber sehr genau befolgt werden, ebenso glaubte auch ich statt jener großen Zahl von Vorschriften, aus
5 denen die Logik besteht, an den vier folgenden genug zu haben, vorausgesetzt, ich fasste den festen und unabänderlichen Entschluss, sie nicht ein einziges Mal zu übertreten. Die erste besagte, niemals eine Sache als wahr anzuerkennen, von der ich nicht evidentermaßen erkenne, dass sie wahr ist, d. h. Übereilung und Vorur-
10 teile sorgfältig zu vermeiden und über nichts zu urteilen, was sich meinem Denken nicht so klar und deutlich darstellte, dass ich keinen Anlass hätte, daran zu zweifeln. Die zweite, jedes Problem, das ich untersuchen würde, in so viele Teile zu teilen, wie es angeht und wie es nötig ist, um es leichter zu lösen. Die dritte, in der gehörigen
15 Ordnung zu denken, d. h. mit den einfachsten und am leichtesten zu durchschauenden Dingen zu beginnen, um so nach und nach, gleichsam über Stufen, bis zur Erkenntnis der zusammengesetztesten aufzusteigen, ja selbst in Dinge Ordnung zu bringen, die natürlicherweise nicht aufeinander folgen [...]. Die letzte, überall so vollständige
20 Aufzählungen und so allgemeine Übersichten aufzustellen, dass ich versichert wäre, nichts zu vergessen.

■■ Machen Sie sich klar: Warum will sich Descartes auf möglichst wenige Regeln beschränken?

■▶■ Descartes will ein rationales Verfahren entwickeln.
   Überprüfen Sie: Inwiefern tragen die einzelnen Regeln zur Steigerung der Rationalität des Verfahrens bei, bei dem sie angewandt werden?

Franz Hals: René Descartes (Stich)

René Descartes wurde 1596 in La Haye als Sohn einer adeligen Familie der Touraine geboren. Seine erste Ausbildung erhielt er in einer Jesuitenschule, wo er auf Grund seiner schwachen Konstitution vom morgendlichen Unterricht befreit war. In der Schule entwickelte er seine Vorliebe für Mathematik, gleichzeitig aber auch eine gewisse Skepsis gegenüber allen anderen Wissenschaften. In Paris studierte er Jura und Mathematik. 1618 begann er in Holland eine militärische

Ausbildung. Im Dienste Nassaus und Bayerns zog er bis 1629 durch ganz Europa und ließ sich schließlich als Philosoph in Holland nieder. Nur dort konnte er vor dem Einfluss der Kirche sicher sein, die alles Philosophieren, das mit den Schriften der Kirche nicht übereinstimmte, mit dem Tode bestrafte. Als ihn die Nachricht davon erreichte, dass Galilei der Ketzerei angeklagt wurde, entschloss er sich beinahe dazu, alle seine Schriften zu verbrennen. 1649 zog er auf Einladung der schwedischen Königin Christina nach Stockholm, wo er 1650 starb. Die Grundforderung seiner Philosophie besteht darin, dass die Erkenntnis von der Macht überlieferter Meinungen zu befreien, die Wissenschaft – anders als im Mittelalter – von der Theologie zu trennen und auf den richtigen Gebrauch des Verstandes zu gründen sei.

Seine wichtigsten Werke: Regeln zur Leitung des Geistes (1701); Abhandlung über die Methode des richtigen Vernunftgebrauchs und der wissenschaftlichen Wahrheitsforschung (1637); Meditationen über die Grundlagen der Philosophie (1641); Die Prinzipien der Philosophie (1644)

aus: René Descartes: Discours de la méthode pour bien conduire sa raison, et chercher la verité dans les sciences. Auf Grund der Ausgabe von Artur Buchenau neu übersetzt und mit Anmerkungen und Register herausgegeben von Lüder Gäbe, Felix Meiner Verlag, Hamburg 1960, S. 15 f., 18–23

Einige moralische Regeln

1. Endlich genügt es nicht, das Haus, in dem man wohnt, nur abzureißen, bevor man mit dem Wiederaufbau beginnt, und für Baumaterial und Architekten zu sorgen oder sich selbst in der Architektur zu üben und außerdem den Grundriss dazu sorgfältig entworfen zu
5 haben, sondern man muss auch für ein anderes Haus vorgesorgt haben, in dem man während der Bauzeit bequem untergebracht ist. Um also in meinem Tun nicht unentschlossen zu bleiben, solange mich die Vernunft nötigte, es in meinen Urteilen zu sein, und um so glücklich wie möglich weiterleben zu können, entwickelte ich mir
10 eine Moral auf Zeit, die nur aus drei oder vier Grundsätzen bestand, die ich Ihnen gern mitteilen möchte.

2. Der erste war, den Gesetzen und Sitten meines Vaterlandes zu gehorchen, an der Religion beharrlich festzuhalten, in der ich durch Gottes Gnade seit meiner Kindheit unterrichtet worden bin, und
15 mich in allem anderen nach den maßvollsten, jeder Übertreibung fernsten Überzeugungen zu richten, die von den Besonnensten unter denen, mit denen ich leben würde, gemeinhin in die Tat umgesetzt werden. Denn ich war ja im Begriff, meine eigenen für nichts gelten zu lassen, weil ich sie alle der Prüfung unterwerfen wollte, und war
20 daher sicher, dass ich nichts Besseres tun könne, als den Ansichten der Besonnensten zu folgen. […]

3. Mein zweiter Grundsatz war, in meinen Handlungen so fest und entschlossen zu sein wie möglich und den zweifelhaftesten Ansichten, wenn ich mich einmal für sie entschieden hätte, nicht weniger
25 beharrlich zu folgen, als wären sie ganz gewiss. Hierin ahmte ich die Reisenden nach, die, wenn sie sich im Walde verirrt finden, nicht umherlaufen und sich bald in diese, bald in jene Richtung wenden, noch weniger an einer Stelle stehen bleiben, sondern so geradewegs wie möglich immer in derselben Richtung marschieren und davon nicht
30 aus unbedeutenden Gründen abweichen sollten, obschon es vielleicht im Anfang bloß der Zufall gewesen ist, der ihre Wahl bestimmt hat; denn so werden sie, wenn sie nicht genau dahin kommen, wohin sie wollten, wenigstens am Ende irgendeine Gegend erreichen, wo sie sich wahrscheinlich besser befinden als mitten im Wald. […]

35 4. Mein dritter Grundsatz war, stets bemüht zu sein, eher mich selbst zu besiegen als das Schicksal, eher meine Wünsche zu ändern als die Weltordnung und überhaupt mich an den Gedanken zu gewöhnen, dass nichts völlig in unserer Macht steht außer unseren Gedanken. […]

5. Endlich, um diese Moral abzuschließen, verfiel ich darauf, eine
40 Musterung der verschiedenen Beschäftigungen zu halten, denen die Menschen in diesem Leben nachgehen, um die beste darunter auszuwählen, und glaubte (die Beschäftigungen anderer will ich übergehen), ich könne nichts Besseres tun, als mit der fortfahren, der ich bereits nachging, d. h. mein ganzes Leben darauf verwenden, meinen
45 Verstand zu kultivieren und, soweit ich könnte, nach der Methode, die ich mir vorgeschrieben, in der Erkenntnis fortzuschreiten.

■1 Warum sieht sich Descartes veranlasst, eine Moral auf Zeit zu entwerfen?

■2 Formulieren Sie mit eigenen Worten die von Descartes entworfenen Regeln. Welche Bereiche sind betroffen? Welche Folgen könnten sich – bei ihrer Befolgung – ergeben?

■3 Diese moralischen Regeln enthalten noch einige „Reste" früherer Paradigmen. Markieren Sie die entsprechenden Stellen und erklären Sie, warum Descartes an ihnen vorläufig festhalten will.

René Descartes: Meditationen über die Grundlagen der Philosophie

Erste Meditation: Woran man zweifeln kann

5. Alles nämlich, was ich bisher am ehesten für wahr angenommen, habe ich von den Sinnen oder durch Vermittelung der Sinne empfangen. Nun aber bin ich dahinter gekommen, dass diese uns bisweilen täuschen, und es ist ein Gebot der Klugheit, niemals denen ganz zu trauen, die auch nur einmal uns getäuscht haben.

6. Indessen mögen uns auch die Sinne mit Bezug auf zu kleine und entfernte Gegenstände bisweilen täuschen, so gibt es doch am Ende sehr vieles andere, woran man gar nicht zweifeln kann, wenn es gleich aus denselben Quellen geschöpft ist; so z. B. dass ich jetzt hier bin, dass ich, mit meinem Winterrocke angetan, am Kamin sitze, dass ich dieses Papier in der Hand halte und ähnliches; vollends dass eben dies meine Hände, dass dieser gesamte Körper der meine ist, wie könnte man mir das abstreiten? […]

7. Vortrefflich! Als ob ich nicht ein Mensch wäre, der des Nachts zu schlafen pflegt und dem dann genau dieselben, ja bisweilen noch weniger wahrscheinliche Dinge im Traume begegnen wie jenen im Wachen. Wie oft doch kommt es vor, dass ich alle jene gewöhnlichen Begegnisse, wie dass ich hier bin, dass ich, mit meinem Rocke bekleidet, am Kamin sitze, mir während der Nachtruhe einbilde, während ich doch entkleidet im Bette liege! Aber jetzt schaue ich doch sicher mit wachen Augen auf dieses Papier, dies Haupt, das ich hin und her bewege, ist doch nicht im Schlaf, mit Vorbedacht und Bewusstsein strecke ich meine Hand aus und fühle das. Im Schlafe würde mir das doch nicht so deutlich entgegengetreten, als wenn ich mich nicht entsänne, dass ich auch sonst durch ähnliche Gedankengänge im Traume irregeführt worden bin. Denke ich einmal aufmerksamer hierüber nach, so sehe ich ganz klar, dass niemals Wachen und Traum nach sicheren Kennzeichen unterschieden werden können, so dass ich ganz betroffen bin, und diese Betroffenheit selbst mich beinahe in der Meinung bestärkt, dass ich träume.

8. Sei es denn: wir träumen. Mögen wirklich alle jene Einzelheiten nicht wahr sein, dass wir die Augen öffnen, den Kopf bewegen, die Hände ausstrecken; ja, mögen wir vielleicht gar keine solchen Hände, noch überhaupt einen solchen Körper haben: so muss man fürwahr doch gestehen, das während des Schlafes Geschaute verhalte sich gleichsam wie gemalte Bilder, die nur nach dem Muster wahrer Dinge sich abmalen konnten, dass also wenigstens dies Allgemeine: Augen, Haupt, Hände und überhaupt der ganze Körper als nicht eingebildete, sondern wirkliche Dinge existieren. […]

13. […] und so sehe ich mich endlich gezwungen, zuzugestehen, dass an allem, was ich früher für wahr hielt, zu zweifeln möglich ist und das nicht aus Unbesonnenheit oder Leichtsinn, sondern aus triftigen und wohl erwogenen Gründen; dass ich folglich auch diesem allen, nicht minder als dem offenbar Falschen, fortan meine Zustimmung aufs Vorsichtigste versagen muss, wenn ich zu etwas Gewissem gelangen will. […]

16. So will ich denn annehmen, dass nicht der allgütige Gott, die Quelle der Wahrheit, sondern dass irgendein böser Geist, der zugleich höchst mächtig und verschlagen ist, allen seinen Fleiß daran gewandt habe, mich zu täuschen; ich will glauben, Himmel, Luft, Erde, Farben, Gestalten, Töne und alle Außendinge seien nichts als das täuschende Spiel von Träumen, durch die dieser meiner Leichtgläubigkeit Fallen stellt; mich selbst will ich so ansehen, als hätte ich keine Hände, keine Augen, kein Fleisch, kein Blut, überhaupt keine Sinne, sondern glaubte nur fälschlich, dies alles zu besitzen. Und ich werde hartnäckig an dieser Art der Betrachtung festhalten und werde so zwar nicht imstande sein, irgendeine Wahrheit zu erkennen, aber doch entschlossenen Sinnes mich in Acht nehmen, soviel an mir liegt, nichts Falschem zuzustimmen, noch von jenem Betrüger mich hintergehen zu lassen, so mächtig und so verschlagen er auch sein mag.

Roger Vieillard: Descartes im Wald des Zweifels

Aufklärung: Philosophische Aspekte

Zweite Meditation: Über die Natur des menschlichen Geistes

2. Ich setze also voraus, dass alles, was ich sehe, falsch ist, ich glaube, dass niemals etwas von dem allen existiert hat, was das trügerische Gedächtnis mir darstellt: ich habe überhaupt keine Sinne; Körper, Gestalt, Größe, Bewegung und Ort sind nichts als Chimären. Was also bleibt Wahres übrig? Vielleicht nur dies Eine, dass es nichts Gewisses gibt. [...]

3. [...] Indessen, ich habe mich überredet, dass es schlechterdings nichts in der Welt gibt: keinen Himmel, keine Erde, keine Geister, keine Körper, also doch auch wohl mich selbst nicht? Keineswegs; ich war sicherlich, wenn ich mich dazu überredet habe. – Aber es gibt einen, ich weiß nicht welchen, höchst mächtigen und verschlagenen Betrüger, der mich geflissentlich stets täuscht. – Nun, wenn er mich täuscht, so ist es also unzweifelhaft, dass ich bin. Er täusche mich, soviel er kann, niemals wird er es doch fertigbringen, dass ich nichts bin, solange ich denke, dass ich etwas sei. Und so komme ich, nachdem ich derart alles mehr als zur Genüge hin und her erwogen habe, schließlich zu dem Beschluss, dass dieser Satz: „Ich bin, ich existiere", so oft ich ihn ausspreche oder in Gedanken fasse, notwendig wahr ist. [...]

5. Was also habe ich vordem zu sein geglaubt? Doch wohl ein Mensch! Aber was ist das, „ein Mensch"? Soll ich sagen: ein vernünftiges lebendes Wesen? Keineswegs, denn dann müsste man ja hernach fragen, was ein „lebendes Wesen" und was „vernünftig" ist, und so geriete ich aus einer Frage in mehrere und noch schwierigere. Auch habe ich nicht so viel Zeit, dass ich sie mit derartigen Spitzfindigkeiten vergeuden möchte. Lieber will ich hier mein Augenmerk darauf richten, was vordem ganz von selbst und naturgemäß sich meinem Bewusstsein (cogitatio) darbot, so oft ich erwog, was ich sei.

6. Da bot sich mir nun zunächst dar, dass ich ein Gesicht, Hände, Arme und diese ganze Gliedermaschine hatte, die man auch an einem Leichnam wahrnimmt und die ich als Körper bezeichnete. Ferner bot sich mir dar, dass ich mich ernähre, gehe, empfinde und denke, und zwar bezog ich diese Tätigkeiten auf die Seele; was aber diese Seele sei, darauf achtete ich entweder gar nicht, oder wenn doch, so stellte ich mir darunter ein feines Etwas vor, nach Art eines Windes, Feuers oder Äthers, das meinen gröberen Teilen eingeflößt sei. Was aber den Körper angeht, so zweifelte ich daran nicht im mindesten, sondern ich vermeinte, seine Natur deutlich zu kennen. [...]

8. [...] Und das Denken? Hier finde ich nun: Das Denken ist's, es allein kann von mir nicht getrennt werden: Ich bin, ich existiere, das ist gewiss.

9. Wie lange aber bin ich? Nun, so lange ich denke. Denn es wäre vielleicht möglich, dass ich, wenn ich gänzlich aufhörte zu denken, alsbald auch aufhörte zu sein. Für jetzt lasse ich aber nichts zu, als was notwendig wahr ist! Ich bin also genau nur ein denkendes Ding (res cogitans), d. h. Geist (mens), Seele (animus), Verstand (intellectus), Vernunft (ratio) [...].

aus: René Descartes: Meditationen über die Grundlagen der Philosophie. Übersetzt von Artur Buchenau, Felix Meiner Verlag, Hamburg 1972, S. 12–20

▪▪ Auf der Suche nach etwas Sicherem, nach einem Haltepunkt, von dem man als gewiss gegeben ausgehen könnte, sieht sich Descartes gezwungen, mit allem aufzuräumen, was ihm bisher als gesichert galt. Verfolgen Sie diese „Aufräumarbeit":
   a) Was galt bisher als gesichert? Welche Zweifel werden daran laut?
   b) Von welchem Punkt geht seine Suche nach einer neuen Sicherheit aus?
   c) Welche Rolle spielt für ihn das Fragen? Was bedeutet ihm die „Gewissheit der Überlieferung"?
   d) Welche Bedeutung hat für ihn die sinnliche Wahrnehmung?
   e) Wie wird er mit den Problemen der (Selbst-)Täuschung und Selbstzweifel fertig?

▪▪ Woher nimmt Descartes die Sicherheit, der Satz „Ich bin, ich existiere" sei wahr?

▪▪ „Ich bin, [...] so lange ich denke". Diskutieren Sie diese Aussage Descartes.

▪▪ Formulieren Sie die von Descartes entworfenen Paradigmen der Aufklärung. Erläutern Sie, inwiefern jeweils von einem Paradigmenwechsel gesprochen werden kann.
Hinweis: Achten Sie besonders darauf, welche Bedeutung Erfahrung und Vernunft für Descartes haben.

2.2.3 Paradigma: Erfahrung und Skepsis

David Hume: Eine Untersuchung über den menschlichen Verstand

Über den Ursprung der Vorstellungen
Jedermann wird bereitwillig zugeben, dass ein beträchtlicher Unterschied zwischen den Perzeptionen des Geistes besteht, wenn ein Mensch den Schmerz übermäßiger Hitze empfindet oder die Wohltat angenehmer Wärme und wenn er sich nachher diese Wahrnehmung ins Gedächtnis zurückruft oder sie in der Einbildungskraft vorwegnimmt. Diese Fähigkeiten können die Sinneswahrnehmungen nachahmen oder kopieren, jedoch niemals die Stärke und Lebendigkeit der ursprünglichen Empfindung völlig erreichen. Wir können höchstens von ihnen sagen, selbst dann, wenn sie mit Kraft auftreten –, sie stellen ihren Gegenstand derart lebendig dar, dass wir ihn fast zu sehen oder zu fühlen meinen; aber außer wenn der Geist durch Krankheit oder Wahnsinn gestört ist, können sie nie einen solchen Grad der Lebendigkeit erreichen, dass diese Perzeptionen gänzlich voneinander ununterscheidbar wären. Alle Farben der Poesie, wie prächtig sie auch sein mögen, können nie und nimmer Naturgegenstände so malen, dass die Beschreibung für eine wirkliche Landschaft gehalten werden könnte. Der lebendigste Gedanke ist immer noch schwächer als die dumpfeste Wahrnehmung. [...]
Wir wollen [...] alle Perzeptionen des Geistes in zwei Klassen oder Arten unterteilen, die durch ihre verschiedenen Grade der Stärke und Lebendigkeit unterschieden sind; die schwächsten und am wenigsten lebhaften werden gemeinhin Gedanken (THOUGTS) oder Vorstellungen (IDEAS) genannt. Für die andere Art fehlt in unserer Sprache wie in den meisten anderen ein besonderer Name, vermutlich, weil es außer für philosophische Zwecke nicht erforderlich war, sie unter einen allgemeinen Ausdruck oder Namen zu fassen. Wir wollen uns deshalb erlauben, sie Eindrücke (IMPRESSIONS) zu nennen, wobei wir dieses Wort in einem vom üblichen etwas abweichenden Sinne gebrauchen. Unter der Bezeichnung Eindruck verstehe ich also alle unsere lebhafteren Perzeptionen, wenn wir hören, sehen, fühlen, lieben, hassen, begehren oder wollen. Eindrücke sind von Vorstellungen unterschieden, welche die weniger lebhaften Perzeptionen sind, deren wir uns bewusst sind, wenn wir auf eine der oben erwähnten Wahrnehmungen oder Gemütsbewegungen reflektieren.
Nichts erscheint wohl auf den ersten Blick unbegrenzter als das Denken des Menschen, das sich nicht nur aller menschlichen Macht und Autorität entzieht, sondern sich nicht einmal in den Grenzen von Natur und Wirklichkeit halten lässt. Ungeheuer zu ersinnen und nicht zueinander passende Gestalten und Erscheinungen miteinander zu verbinden, kostet die Einbildungskraft nicht mehr Mühe, als sich die natürlichsten und vertrautesten Gegenstände vorzustellen; und während der Leib an einen Planeten gefesselt ist, auf dem er unter Schmerzen und Beschwerden einherkriecht, kann uns das Denken im Nu in die entlegensten Regionen des Universums tragen oder sogar über das Universum hinaus in das grenzenlose Chaos, wo sich die Natur, wie man annimmt, in totaler Unordnung befindet. Was niemals gesehen würde und wovon man niemals gehört hat, kann dennoch vorgestellt werden, und nichts übersteigt die Macht des Denkens, mit Ausnahme dessen, was einen absoluten Widerspruch enthält.

Allan Ramsay: David Hume (Gemälde, 1766)

David Hume wurde 1711 in Edinburgh als Sohn eines schottischen Landadeligen geboren und streng calvinistisch erzogen. Von 1723 bis 1725 studierte er Jura, brach dieses Studium aber zu Gunsten eines Philosophiestudiums ab. Später verhinderte sein Kampf gegen Aberglauben und religiöses Schwärmertum die Berufung an eine Universität, so dass er sich seinen Lebensunterhalt als Hauslehrer, als Gesandtschaftssekretär, als Bibliothekar und schließlich im Londoner Außenministerium verdiente. Seine moralischen, politischen und nationalökonomischen Schriften bescherten ihm Ansehen und Erfolg. Er starb 1776 als Privatgelehrter in Edinburgh. Ausgangspunkt der Philosophie sind für Hume stets die Natur des Menschen und seine Erfahrungen, nicht höhere, abstrakte Prinzipien. So beruht Moral auf Gefühl, Erkenntnis auf sinnlicher Wahrnehmung. In seiner entschiedenen Ablehnung aller moralischen und religiösen Dogmen erweist er sich als Aufklärer.
Seine wichtigsten Werke: Ein Traktat über die menschliche Natur (1739/40); Untersuchung über die Prinzipien der Moral (1751); Eine Untersuchung über den menschlichen Verstand (1758)

19 Perzeption: Wahrnehmung
57 transponieren: übertragen

Doch obgleich unser Denken diese unbegrenzte Freiheit zu besitzen scheint, werden wir bei näherer Prüfung finden, dass es in Wirklichkeit in sehr enge Grenzen eingeschlossen ist und dass diese ganze schöpferische Kraft des Geistes nur in dem Vermögen besteht, das uns durch die Sinne und Erfahrung gegebene Material zu verbinden, zu transponieren, zu vermehren oder zu verringern. Denken wir uns einen goldenen Berg, so verbinden wir nur zwei vereinbare Vorstellungen, Gold und Berg, die uns von früher bekannt sind. Ein tugendhaftes Pferd können wir uns vorstellen, weil wir uns aus unserem eigenen Gefühl die Tugend vorstellen können; und diese können wir mit Gestalt und Aussehen eines Pferdes in Verbindung bringen, das ja ein uns vertrautes Tier ist. Kurz gesagt, der ganze Stoff des Denkens ist entweder aus der äußeren oder der inneren Sinnesempfindung (outward or inward sentiment) abgeleitet: Aufgabe des Geistes und des Willens ist einzig und allein ihre Mischung und Zusammensetzung. Oder, um mich philosophisch auszudrücken: Alle unsere Vorstellungen oder schwächeren Perzeptionen sind Abbilder unserer Eindrücke oder lebhafteren Perzeptionen.

Zum Beweis dessen werden, so hoffe ich, die beiden folgenden Argumente ausreichen. Erstens, wenn wir unsere Gedanken oder Vorstellungen, seien sie auch noch so kompliziert und erhaben, analysieren, stellen wir stets fest, dass sie sich zu solchen einfachen Vorstellungen auflösen, die einem vorherigen Gefühl oder einer Empfindung nachgebildet sind. Selbst solche Vorstellungen, die auf den ersten Blick von diesem Ursprung sehr weit entfernt scheinen, zeigen sich bei näherer Prüfung als aus ihm stammend. Die Vorstellung Gottes, in der Bedeutung eines allwissenden, allweisen und allgütigen Wesens, entsteht aus der Besinnung auf die Operationen unseres eigenen Geistes und die grenzenlose Steigerung dieser Eigenschaften der Güte und Weisheit. [...]

Zweitens: Wenn zufällig jemand wegen eines organischen Fehlers für irgendeine Art der Wahrnehmung nicht empfänglich ist, so stellen wir stets fest, dass er ebenso wenig empfänglich ist für die entsprechenden Vorstellungen. Ein Blinder kann sich keinen Begriff von Farben, ein Tauber keinen von Tönen machen. [...] Ein Sanftmütiger kann sich keine Vorstellung von tief verwurzelter Rache oder Grausamkeit machen, noch fällt es einem Egoisten leicht, sich die höchsten Stufen von Freundschaft und Edelmut vorzustellen.

■ Hume geht der Frage nach, wie und nach welchen Regeln der menschliche Verstand funktioniert.
  a) Er unterschiedet zwei Klassen von „Perzeptionen" des Geistes. Stellen Sie die beiden Klassen gegenüber und notieren sie ihre wesentlichen Merkmale.
  b) Hume spricht vom „scheinbar unbegrenzten Denken", aber auch von „engen Grenzen" des Denkens. Stellen Sie die beiden Aspekte gegenüber und beschreiben Sie sie.
  c) Wie hängen nun sinnliche Wahrnehmung und Denken nach Hume zusammen?

■ Entwerfen Sie eine Strukturskizze, die den Zusammenhang zwischen Wahrnehmung, Eindrücken, Vorstellungen und Denken erkennen lässt.

Skeptische Zweifel an den Verstandestätigkeiten
Alle Gegenstände menschlichen Denkens und Forschens lassen sich naturgemäß in zwei Arten gliedern, nämlich in Vorstellungsbeziehungen (RELATIONS OF IDEAS) und in Tatsachen (MATTERS OF FACT). Von der ersten Art sind die Lehren der Geometrie, Algebra und Arithmetik, kurz, jede Behauptung von entweder intuitiver oder demonstrativer Gewissheit. Dass das Quadrat der Hypotenuse dem Quadrat der beiden Katheten gleich ist, ist ein Satz, der eine Beziehung zwischen diesen Figuren ausdrückt. Dass drei mal fünf der Hälfte von dreißig gleich ist, drückt eine Beziehung zwischen diesen Zahlen aus. Sätze dieser Art lassen sich durch bloße Denktätigkeit entdecken, unabhängig davon, ob irgendwo im Weltall etwas existiert. Wenn es auch niemals einen Kreis oder ein Dreieck in der Natur gegeben hätte, würden doch die von Euklid demonstrierten Wahrheiten für immer ihre Gewissheit und Evidenz behalten. Tatsachen, die zweiten Objekte menschlichen Denkens, sind nicht auf die gleiche Weise verbürgt; [...] Das Gegenteil jeder Tatsache ist immer möglich, da es niemals einen Widerspruch enthält und vom Geist mit der gleichen Leichtigkeit und Deutlichkeit vorgestellt wird, wie wenn es der Wirklichkeit völlig entspräche. Dass die Sonne morgen nicht aufgehen wird, ist ein nicht minder einsichtiger Satz und enthält keinen größeren Widerspruch als die Behauptung, dass sie aufgehen wird. Wir würden deshalb vergeblich versuchen, seine Falschheit zu beweisen. Wäre er nachweislich falsch, dann würde er einen Widerspruch enthalten und könnte niemals vom Geiste deutlich vorgestellt werden. Es dürfte also des Interesses wert sein, das Wesen jener Evidenz zu untersuchen, die uns jedes wirklich Existierenden und jeder Tatsache versichert, die über das gegenwärtige Zeugnis der Sinne oder die Angaben unseres Gedächtnisses hinausgehen. [...] Alle Tatsachen betreffenden Vernunfterwägungen scheinen auf der Beziehung von Ursache und Wirkung zu beruhen. Einzig mittels dieser Beziehung können wir über die Evidenz unseres Gedächtnisses und unserer Sinne hinausgehen. Würde man jemanden fragen, weshalb er an eine nicht gegenwärtige Tatsache glaube, z. B., dass sein Freund auf dem Lande oder in Frankreich sei, so würde er einen Grund angeben, und dieser Grund würde eine andere Tatsache sein, etwa ein Brief, den er von ihm erhalten hat, oder das Wissen um seine früheren Entschlüsse und Versprechungen. Fände jemand auf einer einsamen Insel eine Uhr oder eine andere Maschine, würde er daraus schließen, dass einst auf jener Insel Menschen gewesen seien. Alle unsere Gedankengänge über Tatsachen sind von gleicher Art. Dabei wird immer vorausgesetzt, dass eine Verknüpfung zwischen der gegenwärtigen Tatsache und der aus ihr gefolgerten besteht. Gäbe es nichts sie Verbindendes, wäre die Folgerung völlig ungereimt. [...] Wollen wir [...] eine zufrieden stellende Erklärung für das Wesen jener Evidenz der Gewissheit von Tatsachen erlangen, haben wir zu untersuchen, wie wir zur Erkenntnis von Ursache und Wirkung kommen. Ich wage es, den Satz als allgemeingültig und keine Ausnahme duldend aufzustellen, dass die Kenntnis dieser Beziehung in keinem Falle durch Denkakte a priori gewonnen wird, sondern ausschließlich aus der Erfahrung stammt, indem wir feststellen, dass gewisse Gegenstände immerdar miteinander verbunden sind. Man lege einem noch so klugen und fähigen Menschen einen Gegenstand vor; ist ihm dieser gänzlich fremd,

14 Evidenz: Offenkundigkeit
49 a priori: vor aller Erfahrung

wird er trotz sorgfältigster Untersuchung seiner sinnenfälligen Qualitäten nicht fähig sein, irgendeine seiner Ursachen oder Wirkungen zu entdecken. [...] Kein Gegenstand enthüllt jemals durch seine sinnfälligen Eigenschaften die Ursachen, die ihn hervorgebracht haben, oder die Wirkungen, die aus ihm entstehen werden; auch kann unser Denken ohne Unterstützung durch die Erfahrung nie auf das wirkliche Dasein und auf Tatsachen schließen.

■ Erläutern Sie den Unterschied zwischen Vorstellungsbeziehungen und Vorstellungen von Tatsachen („reines Denken" gegenüber „empirischem Denken").

■ Bei der Beschäftigung mit dem empirischen Denken ergibt sich für Hume die Frage, wie das Denken über das, was Sinneswahrnehmung und Gedächtnis zur Verfügung stellen, hinauskommt.
  a) Welches Prinzip macht es möglich, dass das Denken die Evidenz der Sinneswahrnehmung überschreiten kann?
  b) Woher hat der Mensch die Kenntnis dieses Prinzips?

■ Wie kommt Hume zu dem Prinzip von Ursache und Wirkung (Kausalität)? Auf welche Weise begründet Hume das Prinzip? Woher bezieht er seine Argumente?

Skeptische Lösung der Zweifel an den Verstandestätigkeiten
Angenommen, ein Mensch mit ausgeprägtestem Denk- und Reflexionsvermögen würde plötzlich in diese Welt gestellt, so würde er freilich sofort eine kontinuierliche Folge von Gegenständen und Ereignissen bemerken, aber er wäre außerstande, irgend etwas anderes festzustellen. Er würde zunächst nicht in der Lage sein, durch irgendeine Verstandestätigkeit zu der Vorstellung von Ursache und Wirkung zu gelangen, da die spezifischen Kräfte, wodurch alle Naturvorgänge ins Werk gesetzt werden, nie den Sinnen erscheinen. [...] Nehmen wir weiter an, er hätte mehr Erfahrung gewonnen und so lange in der Welt gelebt, um beobachtet zu haben, dass ihm geläufige Gegenstände oder Ereignisse konstant miteinander verbunden sind. Was ist die Folge dieser Erfahrung? Er leitet unmittelbar die Existenz des einen Gegenstandes aus der Erscheinung des anderen ab. Er hat jedoch trotz seiner ganzen Erfahrung keine Vorstellung oder Kenntnis der geheimen Kraft erlangt, durch die der eine Gegenstand den anderen hervorbringt, noch wird er durch irgendeinen Denkvorgang zu einer solchen Folgerung verpflichtet; und dennoch sieht er sich veranlasst, so zu folgern. Wenn er auch davon überzeugt wäre, dass sein Verstand an dieser Operation unbeteiligt ist, würde er dennoch in denselben Bahnen weiterdenken. Es gibt ein anderes Prinzip, das ihn zu einer solchen Schlussfolgerung bestimmt.
Dieses Prinzip ist Gewohnheit (CUSTOM) oder herkömmliche Lebenspraxis (HABIT). Wo immer die Wiederholung einer bestimmten Handlung oder eines Vorganges das Verlangen hervorruft, dieselbe Handlung oder denselben Vorgang zu erneuern, ohne dazu durch einen Denkakt oder Verstandesvorgang gedrängt zu sein, sagen wir stets, dieses Verlangen sei die Wirkung der Gewohnheit. Doch behaupten wir nicht, mit der Anwendung dieses Wortes den letzten Grund solchen Verlangens genannt zu haben. Wir weisen damit lediglich auf ein Prinzip der Menschennatur hin, das allgemein anerkannt wird und in seinen Auswirkungen wohl bekannt ist. [...]
Alle Erfahrungsschlüsse sind somit Folgen der Gewohnheit, nicht der Vernunft.

aus: David Hume: Eine Untersuchung über den menschlichen Verstand. Übersetzt und herausgegeben von Herbert Herring, Philipp Reclam Verlag, Stuttgart 1982, S. 31–35, 41–47, 61–63

Aufklärung: Philosophische Aspekte

■1■ Der Mensch sieht das Kausalitätsprinzip als natürlich an. Wie kommt es zu dieser Auffassung?
  a) Welche Bedeutung hat nach Hume dabei die Gewohnheit?
  b) Wie sieht Hume in diesem Zusammenhang die Rolle der Vernunft?

■2■ Der Mensch sucht immer so etwas wie Sicherheit, gleichzeitig aber will er sich vor Irrtümern schützen, so weit dies möglich ist.
  a) Was trägt die Gewohnheit dazu bei, Sicherheit zu gewinnen?
  b) Was kann der Verstand zu dieser Sicherheit „sagen"?

■3■ Im Rahmen der bisher gültigen Paradigmen spielten Glaube und Offenbarung eine große Rolle.
  a) Machen Sie sich (nochmals) klar, was das bedeutet und welche Konsequenzen ein solches Paradigma für das menschliche (Nach-)Denken hat.
  b) Was bringt Hume nun Neues? Formulieren Sie seine Grundgedanken in knappen Thesen. Erläutern Sie, inwiefern bei ihm von einem Paradigmenwechsel gesprochen werden kann.

■4■ Vergleichen Sie – soweit dies möglich ist – Hume und Descartes: Inwieweit kann man von einer Erweiterung des Paradigmenwechsels durch Hume sprechen?

2.2.4 ... und dann kam Kant ...

Immanuel Kant: Von dem Unterschiede der reinen und empirischen Erkenntnis

Dass alle unsere Erkenntnis mit der Erfahrung anfange, daran ist gar kein Zweifel; denn wodurch sollte das Erkenntnisvermögen sonst zur Ausübung erweckt werden, geschähe es nicht durch Gegenstände, die unsere Sinne rühren und teils von selbst Vorstellungen bewirken, teils unsere Verstandestätigkeit in Bewegung bringen, diese zu vergleichen, sie zu verknüpfen oder zu trennen, und so den rohen Stoff sinnlicher Eindrücke zu einer Erkenntnis der Gegenstände zu verarbeiten, die Erfahrung heißt? Der Zeit nach geht also keine Erkenntnis in uns vor der Erfahrung vorher, und mit dieser fängt alle an.
Wenn aber gleich alle unsere Erkenntnis mit der Erfahrung anhebt, so entspringt sie darum doch nicht eben alle aus der Erfahrung. Denn es könnte wohl sein, dass selbst unsere Erfahrungserkenntnis ein Zusammengesetztes aus dem sei, was wir durch Eindrücke empfangen, und dem, was unser eigenes Erkenntnisvermögen (durch sinnliche Eindrücke bloß veranlasst) aus sich selbst hergibt [...].

aus: Immanuel Kant: Kritik der reinen Vernunft. Einleitung nach Ausgabe B. Herausgegeben von Raymund Schmidt, Felix Meiner Verlag, Hamburg 1990, S. 38

■1■ Was geschieht hier mit den erkenntnistheoretischen Positionen, die Sie bisher kennen gelernt haben?

■2■ Diskutieren Sie den Text unter Einbeziehung Ihrer bisherigen Ergebnisse.

■3■ Man behauptet gelegentlich, Kant habe die beiden „Säulen der Aufklärung" (Hume und Descartes) auf eine neue Ebene gehoben und für das eigentliche Anliegen der Aufklärung, eine rationale Durchdringung des Lebens, fruchtbar gemacht. Setzen Sie sich mit dieser Behauptung auseinander.

■4■ Veranschaulichen Sie das Verhältnis von Hume, Descartes und Kant in einer Grafik.

2.3 Was ist Aufklärung?

2.3.1 Noch einmal: Kant

Ein Experiment mit Begriffen:

■■ Wählen Sie aus den folgenden Begriffen einen aus. Achten Sie darauf, dass alle Begriffe bearbeitet werden:
Vormund; unmündig; Verstand; selbst verschuldet/Schuld; Mut; Vermögen/Unvermögen; Faulheit; Feigheit; Natur (etwas ist zur Natur geworden); Satzung/Formel/Norm; Publikum (im Sinne von Öffentlichkeit)
a) Notieren Sie, was Sie mit dem von Ihnen gewählten Begriff verbinden: Was fällt Ihnen dazu ein? Was vermuten Sie?
b) Notieren Sie Nachbarbegriffe und Gegenbegriffe.
c) Notieren Sie Sätze, in denen Sie den Begriff verwenden würden/verwendet haben.
d) Erst nachdem sie selbst eine vorläufige Definition formuliert haben, sollten Sie sich einen Partner suchen, dem Sie Ihre Definition erläutern. Diskutieren Sie Ihre Auffassung.
e) Formulieren Sie eine zweite Definition

■✓ Tragen Sie im Plenum Ihre Zwischenergebnisse vor:
a) Nennen Sie Assoziationen und versuchen Sie zu ergründen, wie sie zustande kamen.
b) Ziehen Sie geeignete Wörterbücher heran und ergänzen Sie, verändern Sie, korrigieren Sie Ihre Definitionsversuche.
c) Einigen Sie sich auf verbindliche Definitionen der von Ihnen bearbeiteten Begriffe.

Hinweise:
- *In Zukunft werden Sie immer wieder auf die hier bearbeiteten Begriffe stoßen. Sie sollten dann immer auf die vereinbarten Definitionen zurückgreifen können.*
- *Treten weitere wesentliche Begriffe auf, so sollten Sie nach dem hier erprobten Verfahren vorgehen und – ehe Sie in eine Diskussion einsteigen – die Begriffe klären und fixieren.*
- *Sie könnten Ihre Ergebnisse in einem Schema wie dem folgenden festhalten:*

Begriff:..........................	
Assoziationen:	*Gegenbegriffe:*
	Nachbarbegriffe:
Satzzusammenhänge:	*Definition 1:*
	Definition 2:
Verbindliche Definition:	

Immanuel Kant: Beantwortung der Frage: Was ist Aufklärung?

Aufklärung ist der Ausgang des Menschen aus seiner selbst verschuldeten Unmündigkeit. Unmündigkeit ist das Unvermögen, sich seines Verstandes ohne Leitung eines anderen zu bedienen. Selbst verschuldet ist diese Unmündigkeit, wenn die Ursache derselben nicht am
5 Mangel des Verstandes, sondern der Entschließung und des Mutes liegt, sich seiner ohne Leitung eines andern zu bedienen. Sapere aude! Habe Mut, dich deines eigenen Verstandes zu bedienen! ist also der Wahlspruch der Aufklärung.

Faulheit und Feigheit sind die Ursachen, warum ein so großer Teil der
10 Menschen, nachdem sie die Natur längst von fremder Leitung freigesprochen [...], dennoch gerne zeitlebens unmündig bleiben; und warum es anderen so leicht wird, sich zu deren Vormündern aufzuwerfen. Es ist so bequem, unmündig zu sein. Habe ich ein Buch das für mich Verstand hat, einen Seelsorger, der für mich Gewissen hat,
15 einen Arzt, der für mich die Diät beurteilt, so brauche ich mich ja selbst nicht zu bemühen. Ich habe nicht nötig zu denken, wenn ich nur bezahlen kann; andere werden das verdrießliche Geschäft schon für mich übernehmen. Dass der bei weitem größte Teil der Menschen (darunter das ganze schöne Geschlecht) den Schritt zur Mündigkeit,
20 außerdem, dass er beschwerlich ist, auch für sehr gefährlich halte: dafür sorgen schon jene Vormünder, die die Oberaufsicht über sie gütigst auf sich genommen haben. Nachdem sie ihr Hausvieh zuerst dumm gemacht haben und sorgfältig verhüteten, dass diese ruhigen Geschöpfe ja keinen Schritt außer dem Gängelwagen, darin sie sie
25 einsperrten, wagen durften: so zeigen sie ihnen nachher die Gefahr, die ihnen droht, wenn sie es versuchen, allein zu gehen. Nun ist diese Gefahr zwar eben so groß nicht, denn sie würden durch einigemal Fallen wohl endlich gehen lernen; allein ein Beispiel von der Art macht doch schüchtern und schreckt gemeiniglich von allen ferne-
30 ren Versuchen ab.

Es ist also für jeden einzelnen Menschen schwer, sich aus der ihm beinahe zur Natur gewordenen Unmündigkeit herauszuarbeiten. Er hat sie sogar lieb gewonnen und ist vorderhand wirklich unfähig, sich seines eigenen Verstandes zu bedienen, weil man ihn niemals den
35 Versuch davon machen ließ. Satzungen und Formeln, diese mechanischen Werkzeuge eines vernünftigen Gebrauchs oder vielmehr Missbrauchs seiner Naturgaben, sind die Fußschellen einer immerwährenden Unmündigkeit. Wer sie auch abwürfe, würde dennoch auch über den schmalsten Graben einen nur unsicheren Sprung tun,
40 weil er zu dergleichen freier Bewegung nicht gewöhnt ist. Daher gibt es nur wenige, denen es gelungen ist, durch eigene Bearbeitung ihres Geistes sich aus der Unmündigkeit herauszuwickeln und dennoch einen sicheren Gang zu tun.

Dass aber ein Publikum sich selbst aufkläre, ist eher möglich; ja, es
45 ist, wenn man ihm nur Freiheit lässt, beinahe unausbleiblich. Denn da werden sich immer einige Selbstdenkende, sogar unter den eingesetzten Vormündern des großen Haufens, finden, welche, nachdem sie das Joch der Unmündigkeit selbst abgeworfen haben, den Geist einer vernünftigen Schätzung des eigenen Werts und des Berufs jedes
50 Menschen, selbst zu denken, um sich verbreiten werden. Besonders ist hierbei, dass das Publikum, welches zuvor von ihnen unter dieses Joch gebracht worden, sie hernach selbst zwingt, darunter zu bleiben, wenn es von einigen seiner Vormünder, die selbst aller Aufklärung unfähig sind, dazu aufgewiegelt worden; so schädlich ist es,

vermutlich Johann Wilhelm Becker: Immanuel Kant im Alter von 44 Jahren (2. Fassung)

Immanuel Kant wurde 1724 als viertes von neun Kindern eines armen Handwerkers in Königsberg geboren. Er besuchte das pietistisch ausgerichtete Gymnasium Fridericianum in Königsberg und studierte an der dortigen Universität. Anschließend war er acht Jahre lang als Hauslehrer bei verschiedenen Familien in Ostpreußen tätig, bevor er 1754 nach Königsberg zurückkehrte, wo er sich habilitierte. An der Universität übte er eine breite Vorlesungstätigkeit aus, die sich auf Themen wie Logik, Metaphysik, Moralphilosophie, aber auch Mathematik, Physik und Geographie, gelegentlich auch Festungsbau erstreckte. Wirtschaftlich war er zunächst ungesichert, wurde aber 1770 Professor für Logik und Metaphysik. Den Ruf an verschiedene andere Universitäten lehnte er stets ab und blieb sein Leben lang in Königsberg, wo er 1804 starb. Er gilt als der Philosoph der Aufklärung, als philosophischer Revolutionär, der die Geistesgeschichte wie kaum ein anderer beeinflusst hat.
Seine wichtigsten Werke: Kritik der reinen Vernunft (1781, 1787); Kritik der praktischen Vernunft (1788), Kritik der Urteilskraft (1790)

Vorurteile zu pflanzen, weil sie sich zuletzt an denen selbst rächen, die oder deren Vorgänger ihre Urheber gewesen sind. Daher kann ein Publikum nur langsam zur Aufklärung gelangen. Durch eine Revolution wird vielleicht wohl ein Abfall von persönlichem Despotismus und gewinnsüchtiger und herrschsüchtiger Bedrückung, aber niemals wahre Reform der Denkungsart zustande kommen; sondern neue Vorurteile werden ebensowohl als die alten zum Leitband des gedankenlosen großen Haufens dienen.

Zu dieser Aufklärung aber wird nichts erfordert als Freiheit; und zwar die unschädlichste unter allem, was nur Freiheit heißen mag, nämlich die: von seiner Vernunft in allen Stücken öffentlichen Gebrauch zu machen. Nun höre ich aber von allen Seiten rufen: Räsoniert nicht! Der Offizier sagt: Räsoniert nicht, sondern exerziert! Der Finanzrat: Räsoniert nicht, sondern bezahlt! Der Geistliche: Räsoniert nicht, sondern glaubt! [...] Hier ist überall Einschränkung der Freiheit. Welche Einschränkung aber ist der Aufklärung hinderlich? Welche nicht, sondern ihr wohl gar beförderlich? Ich antworte: Der öffentliche Gebrauch seiner Vernunft muss jederzeit frei sein, und der allein kann Aufklärung unter Menschen zustande bringen; der Privatgebrauch derselben aber darf öfters sehr enge eingeschränkt sein, ohne doch darum den Fortschritt der Aufklärung sonderlich zu hindern. Ich verstehe aber unter dem öffentlichen Gebrauche seiner eigenen Vernunft denjenigen, den jemand als Gelehrter von ihr vor dem ganzen Publikum der Leserwelt macht. Den Privatgebrauch nenne ich denjenigen, den er in einem gewissen ihm anvertrauten bürgerlichen Posten oder Amte von seiner Vernunft machen darf. [...] So würde es sehr verderblich sein, wenn ein Offizier, dem von seinem Oberen etwas anbefohlen wird, im Dienste über die Zweckmäßigkeit oder Nützlichkeit dieses Befehls laut vernünfteln wollte; er muss gehorchen. Es kann ihm aber billigermaßen nicht verwehrt werden, als Gelehrter über die Fehler im Kriegsdienste Anmerkungen zu machen und diese seinem Publikum zur Beurteilung vorzulegen. [...] Ebenso ist ein Geistlicher verbunden, seinen Katechismusschülern und seiner Gemeinde nach dem Symbol der Kirche, der er dient, seinen Vortrag zu tun; denn er ist auf diese Bedingung angenommen worden. Aber als Gelehrter hat er volle Freiheit, ja sogar den Beruf dazu, alle seine sorgfältig geprüften und wohlmeinenden Gedanken über das Fehlerhafte in jenem Symbol und Vorschläge wegen besserer Einrichtung des Religions- und Kirchenwesens dem Publikum mitzuteilen. [...] Der Gebrauch also, den ein angestellter Lehrer von seiner Vernunft vor seiner Gemeinde macht, ist bloß ein Privatgebrauch; weil diese immer nur eine häusliche, obzwar noch so große Versammlung ist; und in Ansehung dessen ist er, als Priester, nicht frei und darf es auch nicht sein, weil er einen fremden Auftrag ausrichtet. Dagegen als Gelehrter, der durch Schriften zum eigentlichen Publikum, nämlich der Welt, spricht, mithin der Geistliche im öffentlichen Gebrauche seiner Vernunft, genießt einer uneingeschränkten Freiheit, sich seiner eigenen Vernunft zu bedienen und in seiner eigenen Person zu sprechen. [...]

Ein Mensch kann zwar für seine Person, und auch alsdann nur auf einige Zeit, in dem, was ihm zu wissen obliegt, die Aufklärung aufschieben; aber auf sie Verzicht zu tun, es sei für seine Person, mehr aber noch für die Nachkommenschaft, heißt die heiligen Rechte der Menschheit verletzen und mit Füßen treten. Was aber nicht einmal ein Volk über sich selbst beschließen darf, das darf noch weniger ein Monarch über das Volk beschließen; denn sein gesetzgebendes

Aufklärung: Philosophische Aspekte

Ansehen beruht eben darauf, dass er den gesamten Volkswillen in dem seinigen vereinigt. [...] Wenn denn nun gefragt wird: Leben wir jetzt in einem aufgeklärten Zeitalter? So ist die Antwort: Nein, aber wohl in einem Zeitalter der Aufklärung. Dass die Menschen, wie die Sachen jetzt stehen, im Ganzen genommen schon imstande wären oder darin auch nur gesetzt werden könnten, in Religionsdingen sich ihres eigenen Verstandes ohne Leitung eines andern sicher und gut zu bedienen, daran fehlt noch sehr viel. Allein, dass jetzt ihnen doch das Feld geöffnet wird, sich dahin frei zu bearbeiten und die Hindernisse der allgemeinen Aufklärung oder des Ausganges aus ihrer selbstverschuldeten Unmündigkeit allmählich weniger werden, davon haben wir doch deutliche Anzeigen. In diesem Betracht ist dieses Zeitalter das Zeitalter der Aufklärung oder das Jahrhundert Friedrichs.

aus: Immanuel Kant: Werke in 6 Bänden. Herausgegeben von Wilhelm Weischedel, Insel Verlag, Frankfurt/Main 1956, Bd. 6, S. 53–61

1. Gliedern Sie den Text und fassen Sie den Inhalt der einzelnen Abschnitte in Stichworten zusammen; bestimmen Sie auch die Funktion der einzelnen Abschnitte im Argumentationsverlauf.
2. Welche sind die tragenden Begriffe des Textes?
   a) Notieren Sie die Begriffe.
   b) Untersuchen Sie: Wie definiert bzw. erläutert Kant diese Begriffe?
   c) Versuchen Sie festzustellen, wie diese Begriffe in ihrer Zeit verstanden wurden.
   Hinweis: Hier könnten Ihnen vielleicht die Belegstellen im Grimmschen Wörterbuch weiterhelfen.
   d) Welche Zusammenhänge bestehen zwischen den einzelnen Begriffen?
3. Sie haben diese Begriffe schon einmal selbst definiert. Vergleichen Sie Ihre eigenen Definitionen und Erläuterungen mit denen Kants. Versuchen Sie, einen Ausgleich zu schaffen.
4. Es wurde schon wiederholt vom Paradigmenwechsel gesprochen.
   a) Formulieren sie auf der Basis des Kant-Textes wichtige bis dahin gültige Paradigmen.
   b) Stellen Sie die von Kant neu formulierten Paradigmen gegenüber.
   c) Welche Folgen könnten sich jeweils aus dem Paradigmenwechsel ergeben?
5. Überlegen Sie: Gibt es in der Gegenwart Phänomene, die ähnliche Strukturen erkennen bzw. vermuten lassen wie die von Kant beschriebenen? Wie könnte da Aufklärung stattfinden?
6. Bilden Sie Arbeitsgruppen und informieren Sie sich mit Hilfe einschlägiger Lexika über das Stichwort „Aufklärung". Ziehen Sie auch verschiedene Literaturgeschichten heran.
   Hinweis: Das folgende Schema kann Ihnen als Fragehilfe dienen. Sie sollten es dort ergänzen, wo es Ihnen notwendig erscheint.

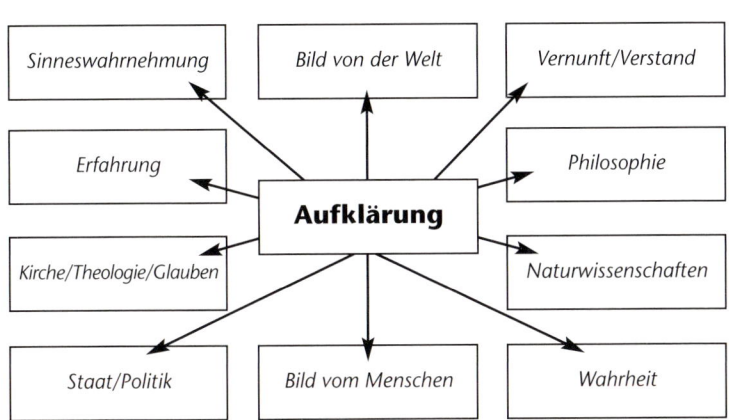

Bereiten Sie eine grafische Gegenüberstellung vor:
bisherige Paradigmen – Fragestellungen der Aufklärung – neue Paradigmen

2.3.2 Aufklärung aus heutiger Sicht

Karl Jaspers: Was aber ist Aufklärung?

Die Forderungen der Aufklärung richten sich gegen Blindheit des fraglosen Fürwahrhaltens; gegen Handlungen, die nicht bewirken können, was sie meinen – wie magische Handlungen – , da sie auf nachweislich falschen Voraussetzungen beruhen; gegen das Verbot
5 des einschränkungslosen Fragens und Forschens; gegen überkommene Vorurteile. Aufklärung fordert unbegrenztes Bemühen um Einsicht und ein kritisches Bewusstsein von der Art und Grenze jeder Einsicht.

Es ist der Anspruch des Menschen, es solle ihm einleuchtend wer-
10 den, was er meint, will und tut. Er will selbst denken. Er will mit dem Verstande fassen und möglichst bewiesen haben, was wahr ist. Er verlangt Anknüpfung an grundsätzlich jedermann zugängliche Erfahrungen. Er sucht Wege zum Ursprung der Einsicht, statt sie als fertiges Ergebnis zur Annahme vorgelegt zu erhalten. Er will einse-
15 hen, in welchem Sinne ein Beweis gilt und an welchen Grenzen der Verstand scheitert. Begründung möchte er auch noch für das, was er am Ende als unbegründbare Voraussetzungen zum Grunde seines Lebens machen muss: für die Autorität, der er folgt, für die Ehrfurcht, die er fühlt, für den Respekt, den er dem Gedanken und Tun
20 großer Menschen erweist, für das Vertrauen, das er einem, sei es zur Zeit und in dieser Situation, sei es überhaupt Unbegriffenen und Unbegreifbaren schenkt. Noch im Gehorsam will er wissen, warum er gehorcht. Alles, was er für wahr hält und als recht tut, stellt er ohne Ausnahme unter die Bedingung, selbst innerlich dabei sein zu
25 können. Er ist nur dabei, wenn seine Zustimmung in seiner Selbstüberzeugung die Bestätigung findet. Kurz: Aufklärung ist – mit Kants Worten – der „Ausgang des Menschen von seiner selbst verschuldeten Unmündigkeit". Sie ist zu ergreifen als der Weg, auf dem der Mensch zu sich selbst kommt.

30 Aber die Ansprüche der Aufklärung werden so leicht missverstanden, dass der Sinn der Aufklärung zweideutig ist. Sie kann wahre und sie kann falsche Aufklärung sein. Und daher ist der Kampf gegen die Aufklärung seinerseits zweideutig. Er kann – mit Recht – gegen die falsche, oder – mit Unrecht – gegen die wahre Aufklärung
35 sich richten. Oft vermengen sich beide in eins.

Im Kampf gegen die Aufklärung sagt man: sie zerstöre die Überlieferung, auf der alles Leben ruhe; sie löse den Glauben auf und führe zum Nihilismus; sie gebe jedem Menschen die Freiheit seiner Willkür, werde daher Ausgang der Unordnung und Anarchie; sie mache
40 den Menschen unselig, weil bodenlos.

Diese Vorwürfe treffen eine falsche Aufklärung, die selber den Sinn der echten Aufklärung nicht mehr versteht. Falsche Aufklärung meint alles Wissen und Wollen und Tun auf den bloßen Verstand gründen zu können (statt den Verstand nur als den nie zu umgehen-
45 den Weg der Erhellung dessen, was ihm gegeben werden muss, zu nutzen); sie verabsolutiert die immer partikularen Verstandeserkenntnisse (statt sie nur in dem ihnen zukommenden Bereich sinngemäß anzuwenden); sie verführt den Einzelnen zum Anspruch, für sich allein wissen und auf Grund seines Wissens allein handeln zu kön-
50 nen, als ob der Einzelne alles wäre (statt sich auf den lebendigen Zusammenhang des in Gemeinschaft in Frage stellenden und fördernden Wissens zu gründen); ihr mangelt der Sinn für Ausnahme und Autorität, an denen beiden alles menschliche Leben sich orientieren

muss. Kurz, sie will den Menschen auf sich selbst stellen, derart, dass er alles Wahre und ihm Wesentliche durch Verstandeseinsicht erreichen kann. Sie will nur wissen und nicht glauben.

Wahre Aufklärung dagegen zeigt zwar dem Denken und dem Fragenkönnen nicht absichtlich, von außen und durch Zwang, eine Grenze, wird sich aber der faktischen Grenze bewusst. Denn sie klärt nicht nur das bis dahin Unbefragte, die Vorurteile und vermeintlichen Selbstverständlichkeiten, sondern auch sich selber auf. Sie verwechselt nicht die Wege des Verstandes mit den Gehalten des Menschseins.

aus: Karl Jaspers: Einführung in die Philosophie. Piper Verlag, München 16 1974, S. 67–69

- **1** Worin sieht Jaspers die Hauptforderungen der Aufklärung?
- **2** Was kann der Verstand leisten? Wo sieht Jaspers Grenzen?
- **3** Welche Missverständnisse stellt Jaspers fest?
- **4** Welche Merkmale machen „falsche Aufklärung" aus?
- **5** Beschreiben Sie den Unterschied zwischen wahrer und falscher Aufklärung, wie ihn Jaspers herausstellt.
- **6** Ist das, was Jaspers hier vorstellt, noch Aufklärung?

Rafael Capurro: Aufklärung am Ende der Moderne

Kant verneinte damals die Frage, ob die Menschen in einem „aufgeklärten Zeitalter" lebten, er sah aber Anzeichen dafür, dass der Beginn eines „Zeitalters der Aufklärung", also der freien, öffentlichen, schriftlichen, kritisch gelehrten Meinungen seinen Ausgang genommen hatte.

Und heute? Ist nicht dieser Traum der Aufklärung zumindest in den „westlichen Demokratien" (und allmählich – aufgrund der sich durch die „Perestroika" anbahnenden Liberalisierung – auch im Osten) zum großen Teil Wirklichkeit geworden? Und ist die Realisierung dieses Traums von „Öffentlichkeit" im Kantischen Sinne zunächst durch die Gutenberg-Technik, zuletzt aber, in der Gestalt der Informationstechnologie in einem früher kaum vorstellbaren Grad von Universalität möglich geworden? Lässt sich die Informationstechnologie so, also im Sinne einer gesteigerten Form von Aufklärung durch am Bildschirm flimmernde Mitteilungen deuten? Oder sind vielleicht die Bildschirme die falschen Propheten unseres Jahrhunderts, indem sie dem Menschen (in Ost und West, Nord und Süd) den Anschein im „Zeitalter der Aufklärung" zu leben geben, während sie in Wahrheit Kritik und Pluralität ersticken, ja die Freiheit der Kritik unter die Herrschaft nicht mehr (bzw. nicht nur) des Fürsten oder des Geistlichen, sondern eben der Maschine stellen, jenem Menschen, der, wie Kant am Schluss seiner Abhandlung schreibt, „nun mehr als Maschine ist"? Wie steht es also, so lautet meine Frage, mit der Aufklärung im Zeitalter der Information? Inwiefern kündigt sich in unseren elektronischen Speichern und Netzwerken das Ende im Sinne von Vervollkommnung und/oder Zerstörung der Aufklärung bzw. ihrer wesentlichen Bedingung – der „Öffentlichkeit" kritischer Mitteilungen – an? Oder, anders gefragt, inwiefern liegt hier unsere […] einzige „Chance", vorausgesetzt wir finden die Perspektive, von wo aus wir am „Ende" der Moderne zugleich eine alte Botschaft vernehmen, die uns helfen kann, Herkunft und somit auch Zukunft unseres Zeitalters zu entziffern?

aus: Rafael Capurro: Aufklärung am Ende der Moderne. In: Jörg Albertz (Hrsg.): Aufklärung und Postmoderne – 200 Jahre nach der französischen Revolution das Ende aller Aufklärung? Bd. 11 der Schriftenreihe der FREIEN AKADEMIE, Berlin 1991, S. 129

- **1** Diskutieren Sie die Frage, die Capurro aufwirft.
- **2** Nehmen Sie Ihre früher formulierten Hypothesen wieder auf und überprüfen Sie sie: Leben wir heute in einem aufgeklärten Zeitalter?

3 Aufklärung: Literaturgeschichtliche Aspekte

3.1 Literatur und Aufklärung

Theo Herold, Hildegard Wittenberg: Die Rolle der Literatur im 18. Jahrhundert*

Literatur als Medium der Aufklärung
Die beiden grundlegenden, sich wechselseitig beeinflussenden Tendenzen im 18. Jahrhundert sind das Anwachsen der Leserschaft und der Buch- und Presseproduktion. 1770 waren höchstens 15%, um 1800 schon 25% der Bevölkerung potenzielle Leser. Die Buchproduktion verdoppelte sich im 18. Jahrhundert auf 400000–500000 Titel, der Anteil der in Latein verfassten Bücher ging von 28% auf 14%, schließlich auf 4% zurück.

Daniel Chodowiecki: Campe im Kreise seiner Familie (Radierung, 1779)

Die Zahlen machen zweierlei deutlich: Ein großer Teil der Bevölkerung war im 18. Jahrhundert an dem Bildungs- und Aufklärungsprozess, der über das Buch vermittelt werden konnte, nicht beteiligt. Das Schlagwort „Volk ohne Buch" gilt für weite Kreise auch der bürgerlichen Schichten in diesem Jahrhundert. Andererseits ist ein schwunghafter Aufstieg der Buchproduktion im letzten Drittel des Jahrhunderts erkennbar. Die Ursachen für diese Entwicklung sind mannigfaltig.

Das Analphabetentum verringerte sich durch die Ausweitung des Schulwesens. Eine allgemeine Schulpflicht bestand nicht, in Preußen wurde sie 1717 dort eingeführt, „wo Schulen sind". Dort entstand eine lokale Unterrichtspflicht. Erst das preußische General-Land-Schul-Reglement von 1763 führte zu einem Durchbruch. Während die Städte schon seit dem Spätmittelalter Elementarschulen hatten, weiteten sie sich nun auf die Dörfer aus. Als ein Resultat dieser Erweiterung sank nach Schätzungen im Laufe des 18. Jahrhunderts die Zahl der Analphabeten von 80/90% auf 50%. Angehörige des Bürgertums erkennen in der Bildung eine Möglichkeit, ökonomisch und sozial aufzusteigen. Die Lesegewohnheiten ändern sich. An die Stelle des intensiven Lesens, bei dem die Bibel, der Katechismus, religiöse und moralische Erbauungsbücher wiederholt gelesen werden, tritt eine Lesehaltung, die nach immer wieder neuen Lesestoffen Ausschau hält. Das wachsende Bedürfnis nach Lesestoffen bedingt eine wachsende Buchproduktion. Die Romanproduktion nimmt einen großen Aufschwung. [...]

Medium der deutschen Aufklärung sind in der ersten Hälfte des Jahrhunderts die Moralischen Wochenschriften. Sie verbreiten das aufklärerische Programm in weiten Bevölkerungskreisen. Sie haben englische Vorbilder (,Spectator', 1711/12, ,Guardian', 1713), die in Deutschland übersetzt und weit verbreitet sind. Die Moralischen Wochenschriften haben einen sittlich-lehrhaften Inhalt, der in literarischer Form erscheint: als Fabel, als Brief, als Gespräch, als Abhandlung. Sie meiden spezielle Aktualität. [...]

Die Schriftsteller erhielten ein Honorar (Ehrengeschenk); es kann nicht als angemessene Entlohnung angesehen werden. Der Begriff verdeckt die wirtschaftlichen Bedingungen der literarischen Produktion. Waren bislang die Autoren auf die Förderung und den Auftrag der Fürsten oder der Kirche angewiesen (Mäzenatentum), so mussten sie nun ihre wachsende Selbstständigkeit mit der Abhängigkeit vom Markte bezahlen. Die meisten Autoren konnten bei ihren Verlegern kein angemessenes Honorar

Aufklärung: Literaturgeschichtliche Aspekte

fordern. Sie waren von der Gunst des Verlegers, dieser vom Markt abhängig. Während des Tauschhandels bekamen die Schriftsteller als Entgelt Freiexemplare ihrer eigenen Produktionen und Bücher aus dem Sortiment. Erst in der Mitte des Jahrhunderts stiegen mit der Entwicklung des Konditions- und Kommissionshandels die Honorare und damit auch das Ansehen der Schriftsteller. Trotzdem blieb das Bücherschreiben Nebenberuf. Selbst Lessing, der erste ‚freie Schriftsteller', war in Wolfenbüttel auf ein Bibliothekarsgehalt von 600–800 Reichstalern angewiesen. [...]

Zum Selbstverständnis der Literatur in der Aufklärung

Der Wert eines literarischen Werkes bemisst sich nach dessen Beitrag zur Aufklärung des Publikums. Diese Entwicklung führt zu einer Wirkungspoetik. Die konstituierenden Elemente der deutschen Literaturtheorie des 18. Jahrhunderts lassen sich beispielhaft an den literaturtheoretischen Schriften Lessings aufzeigen.

Literatur gewinnt in der Aufklärung eine neue Funktion. Die in die höfische Kultur eingebundene Literatur hat Repräsentationsfunktion. Im Unterschied dazu übernimmt die bürgerliche Literatur die Verbreitung bürgerlicher Moralvorstellungen, und damit erhält sie auch eine politische Funktion. Sie bedarf aufgrund der veränderten Situation der Legitimation, zumal da sich das Bürgertum bewusst vom Adel und von seinem lasterhaften, ‚unnatürlichen' Leben distanziert. Literatur dient der Selbstfindung und der Stärkung des Selbstbewusstseins im Bürgertum.

Ein solches Literaturverständnis fordert die Institutionalisierung und Popularisierung der öffentlichen Kritik.

In der Vorrede des ‚Laokoon' unterscheidet Lessing den Liebhaber von Kunst von dem Philosophen und vom Kunstrichter. Der Kunstliebhaber wertet nach seiner Empfindung, der Philosoph sucht nach den Ursachen der Wirkung und stellt die Regeln auf, der Kunstrichter überprüft am einzelnen Kunstwerk ihre Gültigkeit. Die öffentliche Kunstkritik ist mit der moralisch-politischen Aufgabe der Kunst notwendig geworden, da der Beitrag der Literatur zur Aufklärung des Publikums einer aufgeklärten und aufklärerischen Methode bedarf.

Dem Publikum wird bei der Kritik ein Mitspracherecht zugebilligt. Lessing versteht sich als „ästhetischer Kronjurist", d. h., Mitspracherecht ist nur dann erlaubt, wenn sich die Erwartungen des Publikums mit den Urteilen des Kunstrichters decken. Besteht hier eine Diskrepanz, dann muss er ihm gegenüber eine erzieherische Funktion einnehmen. Dabei möchte Lessing über alle sozialen Schranken hinweg wirken, wenn er auch die Schwierigkeit erkennt, die sozial niedrigeren Schichten mit seiner Kritik der Poetik zu erreichen.

Daniel Chodowiecki: Lektüre in angenehmer Gesellschaft (Kupferstich, 1795)

aus: Theo Herold, Hildegard Wittenberg: Aufklärung und Sturm und Drang. Klett Verlag, Stuttgart 1983, S. 30–37

1. Beschreiben Sie die Unterschiede in der Funktion von Literatur vor und in der Aufklärung.
   a) Wie sieht sich der Autor?
   b) Welche Rolle spielt Literatur für das Publikum?
2. Woraus ergibt sich die „politische Bedeutung" von Literatur?
3. Welche Konsequenzen ergeben sich hieraus für die Auffassung davon, was Kunst sei?

Entwerfen Sie ein Plakat, auf dem Sie die wesentlichen neuen Aspekte von Kunst und Literatur gewissermaßen als Manifest darstellen.

3.2 Wichtige Textformen

3.2.1 Fabel

Martin Luther: Über Fabeln

Alle Welt hasset die Wahrheit, wenn sie einen trifft. Darum haben weise und hohe Leute die Fabeln erdichtet und lassen ein Tier mit dem anderen reden, als wollten sie sagen: Nun gut, es will niemand die Wahrheit hören noch ertragen, und man kann doch auf die
5 Wahrheit nicht ganz verzichten, so wollen wir sie schmücken und in eine lustige Lügenfarbe und liebliche Fabeln kleiden; und weil man sie nicht hören will aus Menschenmund, so soll man sie hören aus Tier- und Bestienmund. So geschieht's denn, wenn man die Fabeln liest, dass ein Tier dem andern, ein Wolf dem andern die
10 Wahrheit sagt, ja zuweilen der gemalte Wolf oder Bär oder Löwe im Buch dem rechten zweibeinigen Wolf und Löwen einen guten Text heimlich liest, den ihm sonst kein Prediger, Freund noch Feind lesen dürfte.

Text bearbeitet; zitiert nach: Friedel Schardt: Fabeln verändern und Fabeln erfinden. Kohl Verlag, Niederziehr 1988, S. 45

Anton Graff: Christian Fürchtegott Gellert (Gemälde, 1769)

Christian Fürchtegott Gellert: Vom Nutzen der Fabel

Eine gute Fabel nutzt, indem sie vergnügt; sie trägt andern die Wahrheit unter glücklich erdachten und wohlgeordneten Bildern vor; dass man aber auf diesem zwar kurzen, doch königlichen Wege am leichtesten in die Gemüter der Menschen dringen könne, wird niemand
5 leugnen, der das menschliche Herz fleißig untersucht hat. Viele schätzen die Fabel deswegen nicht hoch, weil sich ihr Nutzen nicht auf die Gebildeten, sondern auf die Jugend und den Pöbel erstrecket. Aber haben denn diese nicht hauptsächlich Warnungen und Lebensregeln nötig? Muss man denn allezeit für Gelehrte schreiben? [...]
10 Wenn eine Sache dadurch, dass sie vielen nützlich ist, ihren Wert bekommt, so werden eben dadurch die Fabeln viel gewinnen, weil sie nicht für scharf sehende Leute geschrieben werden, deren stets sehr wenig sind. Und gesetzt, dass sie auch bloß der Jugend nutzen, so wird dennoch ihr Nutzen schätzbar sein, weil die gute Bildung der
15 Gemüter und Sitten junger Leute viel zu dem Wohle teils eines jeden in Sonderheit, teils der Gesellschaft insbesondere abhängt. [...]
Allein es ist offenbar, dass die Fabel auch für Erwachsene gehöre, weil durch sie das, was sie schon wissen, bestätigt wird, und sie durch diese die guten Lehren in ihrem Leben anwenden lernen. Denn wenn ich
20 einen unterrichten will, so ist es nicht nötig, dass ich ihm stets etwas Neues sage. [...] Die Menschen merken sich die Fabeln leicht und mit Vergnügen, weil sie von Dingen handeln, die in die Sinne fallen, und eben deswegen, weil ihr Inhalt kurz ist, so können sie die Fabel lange merken und von ihr langen und vielfachen Nutzen haben.

aus: Christian Fürchtegott Gellert: Schriften zur Theorie und Geschichte der Fabel. Bearbeitet von Siegfried Scheibe, Verlag Max Niemeyer, Tübingen 1966, S. 57 f.

Gotthold Ephraim Lessing: Von dem Wesen der Fabel

Die anschauende Erkenntnis ist vor sich selbst klar. Die symbolische entlehnet ihre Klarheit von der anschauenden.
Das Allgemeine existieret nur in dem Besondern und kann nur in dem Besondern anschauend erkannt werden. Einem allgemeinen
5 symbolischen Schlusse folglich alle die Klarheit zu geben, deren er fähig ist, das ist, ihn so viel als möglich zu erläutern, müssen wir ihn auf das Besondere reduzieren, um ihn in diesem anschauend zu erkennen.

Aufklärung: Literaturgeschichtliche Aspekte

Ein Besonderes, insofern wir das Allgemeine in ihm anschauend erkennen, heißt ein Exempel.

Die allgemeinen symbolischen Schlüsse werden also durch Exempel erläutert. Alle Wissenschaften bestehen aus dergleichen symbolischen Schlüssen; alle Wissenschaften bedürfen daher der Exempel.

Doch die Sittenlehre muss mehr tun als ihre allgemeinen Schlüsse bloß erläutern; und die Klarheit ist nicht der einzige Vorzug der anschauenden Erkenntnis.

Weil wir durch diese einen Satz geschwinder übersehen und so in einer kürzern Zeit mehr Bewegungsgründe in ihm entdecken können, als wenn er symbolisch ausgedrückt ist, so hat die anschauende Erkenntnis auch einen weit größern Einfluss in den Willen als die symbolische.

Die Grade dieses Einflusses richten sich nach den Graden ihrer Leibhaftigkeit; und die Grade ihrer Leibhaftigkeit nach den Graden der nähern und mehrern Bestimmungen, in die das Besondere gesetzt wird. Je näher das Besondere bestimmt wird, je mehr sich darin unterscheiden lässt, desto größer ist die Leibhaftigkeit der anschauenden Erkenntnis.

Die Möglichkeit ist eine Art des Allgemeinen; denn alles was möglich ist, ist auf verschiedene Art möglich.

Ein Besonderes also, bloß als möglich betrachtet, ist gewissermaßen noch etwas Allgemeines, und hindert, als dieses, die Leibhaftigkeit der anschauenden Erkenntnis.

Folglich muss es als wirklich betrachtet werden und die Individualität erhalten, unter der es allein wirklich sein kann, wenn die anschauende Erkenntnis den höchsten Grad ihrer Leibhaftigkeit erreichen und so mächtig als möglich auf den Willen wirken soll.

Das Mehrere aber, das die Sittenlehre außer der Erläuterung ihren allgemeinen Schlüssen schuldig ist, bestehet eben in dieser ihnen zu erteilenden Fähigkeit, auf den Willen zu wirken, die sie durch die anschauende Erkenntnis in dem Wirklichen erhalten, da andere Wissenschaften, denen es um die bloße Erläuterung zu tun ist, sich mit einer geringern Lebhaftigkeit der anschauenden Erkenntnis, deren das Besondere, als bloß möglich betrachtet, fähig ist, begnügen.

Hier bin ich also! Die Fabel erfordert deswegen einen wirklichen Fall, weil man in einem wirklichen Falle mehr Bewegungsgründe und deutlicher unterscheiden kann als in einem möglichen; weil das Wirkliche eine lebhaftere Überzeugung mit sich führt als das bloß Mögliche. [...] Und nunmehr glaube ich meine Meinung von dem Wesen der Fabel genugsam verbreitet zu haben. Ich fasse daher alles zusammen und sage: Wenn wir einen allgemeinen moralischen Satz auf einen besondern Fall zurückführen, diesem besondern Falle die Wirklichkeit erteilen und eine Geschichte daraus dichten, in welcher man den allgemeinen Satz anschauend erkennt, so heißt diese Erdichtung eine Fabel.

Das ist meine Erklärung, und ich hoffe, dass man sie bei der Anwendung ebenso richtig als fruchtbar finden wird.

aus: Gotthold Ephraim Lessing: Abhandlungen über die Fabel. I. Vom Wesen der Fabel. In: Lessings Werke in fünf Bänden. Herausgegeben von den Nationalen Forschungs- und Gedenkstätten der klassischen deutschen Literatur in Weimar, Bd. 5, Aufbau-Verlag, Berlin und Weimar 1965, S. 181–185

■■ Luther wie Gellert und Lessing haben eine äußerst positive Meinung von den Möglichkeiten der Fabel. Allerdings haben sie ganz verschiedene Gründe für ihre Meinung. Stellen Sie in wenigen Sätzen die unterschiedlichen Positionen einander gegenüber.

■■ Erläutern Sie möglichst genau, inwiefern sich Lessing in seiner Einschätzung der Fabel als Aufklärer zeigt. Dokumentieren Sie Ihre Aussagen anhand ausgewählter Beispiele aus den folgenden Texten.

Gotthold Ephraim Lessing: Fabeln

Der Löwe und der Hase
Ein Löwe würdigte einen drolligten Hasen seiner nähern Bekanntschaft. Aber ist es denn wahr, fragte ihn einst der Hase, dass euch Löwen ein elender krähender Hahn so leicht verjagen kann?
Allerdings ist es wahr, antwortete der Löwe; und es ist eine allgemeine Anmerkung, dass wir großen Tiere durchgängig eine gewisse kleine Schwachheit an uns haben. So wirst du, zum Exempel, von dem Elefanten gehört haben, dass ihm das Grunzen eines Schweins Schauder und Entsetzen erwecket. – Wahrhaftig? unterbrach ihn der Hase. Ja, nun begreif ich auch, warum wir Hasen uns so entsetzlich vor den Hunden fürchten. /1/

Der Esel und das Jagdpferd
Ein Esel vermaß sich, mit einem Jagdpferde um die Wette zu laufen. Die Probe fiel erbärmlich aus, und der Esel ward ausgelacht. Ich merke nun wohl, sagte der Esel, woran es gelegen hat; ich trat mir vor einigen Monaten einen Dorn in den Fuß, und der schmerzt mich noch.
Entschuldigen Sie mich, sagte der Kanzelredner Liederhold, wenn meine heutige Predigt so gründlich und erbaulich nicht gewesen, als man sie von dem glücklichen Nachahmer eines Mosheims erwartet hätte; ich habe, wie Sie hören, einen heisern Hals, und den schon seit acht Tagen. /2/

Die Wasserschlange
Zeus hatte nunmehr den Fröschen einen andern König gegeben; anstatt eines friedlichen Klotzes eine gefräßige Wasserschlange.
Willst du unser König sein, schrien die Frösche, warum verschlingst du uns? – Darum, antwortete die Schlange, weil ihr um mich gebeten habt. – Ich habe nicht um dich gebeten! rief einer von den Fröschen, den sie schon mit den Augen verschlang. – Nicht? sagte die Wasserschlange. Desto schlimmer! So muss ich dich verschlingen, weil du nicht um mich gebeten hast. /3/

Das Ross und der Stier
Auf einem feurigen Rosse floh stolz ein dreuster Knabe daher.
Da rief ein wilder Stier dem Rosse zu: Schande! Von einem Knaben ließ ich mich nicht regieren!
Aber ich, versetzte das Ross. Denn was für Ehre könnte es mir bringen, einen Knaben abzuwerfen? /4/

Der kriegerische Wolf
Mein Vater, glorreichen Andenkens, sagte ein junger Wolf zu einem Fuchse, das war ein rechter Held! Wie fürchterlich hat er sich nicht in der ganzen Gegend gemacht! Er hat über mehr als zweihundert Feinde, nach und nach, triumphiert und ihre schwarzen Seelen in das Reich des Verderbens gesandt. Was Wunder also, dass er endlich doch einem unterliegen musste! So würde sich ein Leichenredner ausdrücken, sagte der Fuchs; der trockene Geschichtsschreiber aber würde hinzusetzen: Die zweihundert Feinde, über die er, nach und nach, triumphieret, waren Schafe und Esel; und der eine Feind, dem er unterlag, war der erste Stier, den er sich anzufallen erkühnte. /5/

Kupfertafel der Erstausgabe „Äsopische Fabeln" von Samuel Richardson, 1757

Der Wolf auf dem Todbette
Der Wolf lag in den letzten Zügen und schickte einen prüfenden Blick auf sein vergangenes Leben zurück. Ich bin freilich ein Sünder, sagte er; aber doch, ich hoffe, keiner von den größten. Ich habe Böses getan; aber auch viel Gutes. Einstmals, erinnere ich mich, kam mir ein blökendes Lamm, welches sich von der Herde verirrt hatte, so nahe, dass ich es gar leicht hätte würgen können; und ich tat ihm nichts. Zu eben dieser Zeit hörte ich die Spöttereien und Schmähungen eines Schafes mit der bewundernswürdigsten Gleichgültigkeit an, ob ich schon keine schützenden Hunde zu fürchten hatte.
Und das alles kann ich dir bezeugen, fiel ihm Freund Fuchs, der ihn zum Tode bereiten half, ins Wort. Denn ich erinnere mich noch gar wohl aller Umstände dabei. Es war zu eben der Zeit, als du dich an dem Beine so jämmerlich würgtest, das dir der gutherzige Kranich hernach aus dem Schlunde zog. /6/

Der Rabe
Der Rabe bemerkte, dass der Adler ganze dreißig Tage über seinen Eiern brütete. Und daher kömmt es, ohne Zweifel, sprach er, dass die Jungen des Adlers so allsehend und stark werden. Gut! das will ich auch tun. Und seitdem brütet der Rabe wirklich ganze dreißig Tage über seinen Eiern; aber noch hat er nichts als elende Raben ausgebrütet. /7/

Die Nachtigall und die Lerche
Was soll man zu den Dichtern sagen, die so gern ihren Flug weit über alle Fassung des größten Teiles ihrer Leser nehmen? Was sonst, als was die Nachtigall einst zu der Lerche sagte: Schwingst du dich, Freundin, nur darum so hoch, um nicht gehört zu werden? /8/

Der Besitzer des Bogens
Ein Mann hatte einen trefflichen Bogen von Ebenholz, mit dem er sehr weit und sehr sicher schoss und den er ungemein wert hielt. Einst aber, als er ihn aufmerksam betrachtete, sprach er: Ein wenig zu plump bist du doch! Alle deine Zierde ist die Glätte. Schade! – Doch dem ist abzuhelfen, fiel ihm ein. Ich will hingehen und den besten Künstler Bilder in den Bogen schnitzen lassen. – Er ging hin; und der Künstler schnitzte eine ganze Jagd auf den Bogen; und was hätte sich besser auf einen Bogen geschickt als eine Jagd? Der Mann war voller Freuden. „Du verdienest diese Zieraten, mein lieber Bogen!" – Indem will er ihn versuchen; er spannt, und der Bogen – zerbricht. /9/

Der Esel und der Wolf
Ein Esel begegnete einem hungrigen Wolfe. Habe Mitleiden mit mir, sagte der zitternde Esel; ich bin ein armes, krankes Tier. Sieh nur, was für einen Dorn ich mir in den Fuß getreten habe! – Wahrhaftig, du dauerst mich, versetzte der Wolf. Und ich finde mich in meinem Gewissen verbunden, dich von diesen Schmerzen zu befreien. – Kaum war das Wort gesagt, so ward der Esel zerrissen. /10/

Der Affe und der Fuchs
Nenne mir ein so geschicktes Tier, dem ich nicht nachahmen könnte, so prahlte der Affe gegen den Fuchs. Der Fuchs aber erwiderte: Und du nenne mir ein so geringschätziges Tier, dem es einfallen könnte, dir nachzuahmen.
Schriftsteller meiner Nation! – Muss ich mich noch deutlicher erklären? /11/

Die Sperlinge
Eine alte Kirche, welche den Sperlingen unzählige Nester gab, ward ausgebessert. Als sie nun in ihrem neuen Glanze dastand, kamen die Sperlinge wieder, ihre alten Wohnungen zu suchen. Allein sie fanden sie alle vermauert. Zu was, schrien sie, taugt denn nun das große Gebäude? Kommt, verlasst den unbrauchbaren Steinhaufen! /12/

Virgil Solis: Von dem Wolf und dem Lamm (Holzschnitt)

Der Wolf und das Schaf
Der Durst trieb ein Schaf an den Fluss; eine gleiche Ursache führte auf der andern Seite einen Wolf herzu. Durch die Trennung des Wassers gesichert und durch die Sicherheit höhnisch gemacht, rief das Schaf dem Räuber hinüber: „Ich mache dir doch das Wasser nicht trübe, Herr Wolf? Sieh mich recht an; habe ich dir nicht etwa vor sechs Wochen nachgeschimpft? Wenigstens wird es mein Vater gewesen sein." Der Wolf verstand die Spötterei; er betrachtete die Breite des Flusses und knirschte mit den Zähnen. Es ist dein Glück, antwortete er, dass wir Wölfe gewohnt sind, mit euch Schafen Geduld zu haben, und ging mit stolzen Schritten weiter. /13/

Die Esel
Die Esel beklagten sich bei dem Zeus, dass die Menschen mit ihnen zu grausam umgingen. Unser starker Rücken, sagten sie, trägt ihre Lasten, unter welchen sie und jedes schwächere Tier erliegen müssten. Und doch wollen sie uns durch unbarmherzige Schläge zu einer Geschwindigkeit nötigen, die uns durch die Last unmöglich gemacht würde, wenn sie uns auch die Natur nicht versagt hätte. Verbiete ihnen, Zeus, so unbillig zu sein, wenn sich die Menschen anders etwas Böses verbieten lassen. Wir wollen ihnen dienen, weil es scheint, dass du uns dazu erschaffen hast; allein geschlagen wollen wir ohne Ursach nicht sein.

Mein Geschöpf, antwortete Zeus ihrem Sprecher, die Bitte ist nicht ungerecht; aber ich sehe keine Möglichkeit, die Menschen zu überzeugen, dass eure natürliche Langsamkeit keine Faulheit sei. Und solange sie dieses nicht glauben, werdet ihr geschlagen werden. – Doch ich sinne, euer Schicksal zu erleichtern. – Die Unempfindlichkeit soll von nun an euer Teil sein; eure Haut soll sich gegen die Schläge verhärten und den Arm des Treibers ermüden.
Zeus, schrien die Esel, du bist allezeit weise und gnädig! – Sie gingen erfreut von seinem Throne als dem Throne der allgemeinen Liebe. /14/

Der Fuchs
Ein verfolgter Fuchs rettete sich auf eine Mauer. Um auf der andern Seite gut herabzukommen, ergriff er einen nahen Dornenstrauch. Er ließ sich auch glücklich daran nieder, nur dass ihn die Dornen schmerzlich verwundeten. Elende Helfer, rief der Fuchs, die nicht helfen können, ohne zugleich zu schaden! /15/

Der Rangstreit der Tiere in vier Fabeln
I
Es entstand ein hitziger Rangstreit unter den Tieren. Ihn zu schlichten, sprach das Pferd, lasset uns den Menschen zu Rate ziehen; er ist keiner von den streitenden Teilen und kann desto unparteiischer sein.
Aber hat er auch den Verstand dazu? ließ sich ein Maulwurf hören. Er braucht wirklich den allerfeinsten, unsere oft tief versteckte Vollkommenheiten zu erkennen.
Das war sehr weislich erinnert! sprach der Hamster. Ja, wohl! rief auch der Igel. Ich glaube es nimmermehr, dass der Mensch Scharfsichtigkeit genug besitzet! Schweigt ihr! befahl das Pferd. Wir wissen es schon, wer sich auf die Güte seiner Sache am wenigsten zu verlassen hat, ist immer am fertigsten, die Einsicht seines Richters in Zweifel zu ziehen.

II
Der Mensch ward Richter. – Noch ein Wort, rief ihm der majestätische Löwe zu, bevor du den Ausspruch tust! Nach welcher Regel, Mensch, willst du unsern Wert bestimmen? Nach welcher Regel? Nach dem Grade, ohne Zweifel, antwortete der Mensch, in welchem ihr mir mehr oder weniger nützlich seid. – Vortrefflich! versetzte der beleidigte Löwe. Wie weit würde ich alsdenn unter dem Esel zu stehen kommen! Du kannst unser Richter nicht sein, Mensch! Verlass die Versammlung!

III
Der Mensch entfernte sich. – Nun, sprach der höhnische Maulwurf – (und ihm stimmte der Hamster und der Igel wieder bei) – siehst du, Pferd? Der Löwe meint es auch, dass der Mensch unser Richter nicht sein kann. Der Löwe denkt wie wir.
Aber aus bessern Gründen als ihr! sagte der Löwe und warf ihnen einen verächtlichen Blick zu.

IV
Der Löwe fuhr weiter fort: Der Rangstreit, wenn ich es recht überlege, ist ein nichtswürdiger Streit. Haltet mich für den Vornehmsten oder für den Geringsten, es gilt mir gleich viel. Genug, ich kenne mich! – Und so ging er aus der Versammlung.
Ihm folgte der weise Elefant, der kühne Tiger, der ernsthafte Bär, der kluge Fuchs, das edle Pferd; kurz, alle, die ihren Wert fühlten oder zu fühlen glaubten.
Die sich am letzten wegbegaben und über die zerrissene Versammlung am meisten murrten, waren – der Affe und der Esel.

Titelblatt der Erstausgabe von Lessings Fabeln, Berlin 1759

aus: Gotthold Ephraim Lessing: Fabeln. Drei Bücher. In: Lessings Werke in fünf Bänden, a.a.O., S. 113–153 (Einige der Fabeln übernimmt Lessing von dem antiken Fabeldichter Äsop. Die im Original vorhandenen Hinweise auf den Dichter sowie die griechischen Zitate sind hier nicht wiedergegeben.)

■1 Sie haben sich schon mit Lessings Ansicht von den Möglichkeiten der Fabel beschäftigt. Wählen Sie eine Fabel aus und machen Sie sich und ihren Kurskollegen klar, in welcher Weise im konkreten Fall welche Erkenntnisse vermittelt werden.

■2 Ordnen Sie die Fabeln Lessings nach angesprochenen Themenbereichen und bearbeiten Sie gruppenweise die einzelnen Themenbereiche. Gehen Sie dabei folgendermaßen vor:

a) Beschreiben Sie konkret und genau die wichtigsten Strukturaspekte der einzelnen Fabeln, also z. B:
– Ausgangslage
– beteiligte Figuren (Merkmale, Motive ...)
– Handlungs-/Konfliktentwicklung
– Handlungsresultat
– Erkenntnisse, die sich für die beteiligten Figuren und für den außen stehenden Beobachter ergeben

Hinweis: Achten Sie darauf, dass Sie – vorläufig zumindest – immer konkret auf die vorliegende Handlung bezogen formulieren. Unterscheiden Sie bei der Beschreibung von Rede und Gegenrede zwischen dem, was gesagt und dem, was in Wirklichkeit gemeint ist.

b) Wenn Sie die Strukturen einer Fabel beschrieben haben, versuchen Sie, vom konkreten Fall zu abstrahieren und die allgemeingültige Aussage zu formulieren.

Hinweis: Vermeiden Sie es nach Möglichkeit, die Aussage bzw. Erkenntnis einer Fabel als Sprichwort, Redensart oder dergleichen zu formulieren.

■3 Wenn Sie alle Fabeln Ihrer Gruppe bearbeitet haben, versuchen Sie, in einem knappen Essay die in den Fabeln zum Ausdruck gebrachten Einsichten, Erkenntnisse, aber auch Handlungs- und Verhaltensanweisungen für bestimmte Fälle zum in Frage stehenden Problemkreis zu formulieren.

Hinweis: Der Essay stellt zwar eine recht freie Form dar, doch sollten Sie sich davor hüten, „kreuz und quer" zu denken und zu schreiben. Wenigstens Ihren ersten Versuchen sollten Sie eine wohl überlegte Gliederung zugrunde legen. So könnten Sie diese anlegen:
– *Problemlage: Abgrenzung des Problembereichs oder konkreter Anlass, der die Problemlage zu erkennen gibt und zur Frage führt*
– *die einzelnen Problemaspekte (Anordnung entsprechend der subjektiven Einschätzung)*
– *Konsequenzen: wichtige Lösungen, Einsichten, Ergebnisse, Folgerungen, Fragen ...*

Sie können den Essay einzeln oder gemeinsam in Ihrer Gruppe verfassen.

■4 Diskutieren Sie: „Was haben Lessings Fabeln mit Aufklärung zu tun?" (alternativ: „Fabeln verhindern kritisches Denken durch zu starke Vereinfachung." oder: „Fabeln klären nicht auf, sondern passen an!" oder ...)

Hinweise:
– *Bereiten Sie die Diskussion vor, indem Sie zunächst einzelne Statements konzipieren, die das in Frage stehende Problem allgemein angehen.*
– *Entwerfen Sie weiterhin auch Statements, die einzelne Problemaspekte zur Geltung bringen.*
– *Wählen Sie geeignete Beispiele als Stützen Ihrer Aussagen aus.*
– *Bestimmen Sie einen Diskussionsleiter.*
– *Zu Beginn der Diskussion muss jeder Teilnehmer seine grundsätzliche Position vortragen.*

Essay: (engl.-frz. Versuch, Name von Montaigne geprägt) kürzere, verständliche, aber anregend-vielseitige und literar. gestaltete Abhandlung über künstler. oder wissenschaftl. Problem; subjektiver und lockerer als die wissenschaftl. Abhandlung ist er zugleich fundierter und anspruchsvoller als das → Feuilleton.
(aus: Otto F. Best: Handbuch literarischer Fachbegriffe, Fischer Taschenbuch 6092, Frankfurt/Main 1973, S. 76)

Essay: nach dem frz. essai und engl. essay = Versuch, schließt schon in sich, dass ein Problem ohne Anspruch auf eine verbindliche Lösung erörtert wird. Der E. ist meist umfangreicher als das → Feuilleton, mit dem er die subjektive Freiheit in der Wahl der Formulierungen gemeinsam hat, auch wird von ihm ein genaueres Eingehen auf die gestellte Thematik und eine gewissenhafte Begründung gefordert. Im Gegensatz zur systematischen, methodisch begründeten wissenschaftlichen Abhandlung ist der E. eine „offene" Form.
(aus: Otto Bantel: Grundbegriffe der Literatur. Hirschgraben Verlag, Frankfurt/Main ²1962, S. 22)

Gotthold Ephraim Lessing: Von einem besonderen Nutzen der Fabeln in den Schulen

Den Nutzen, den ich itzt mehr berühren als umständlich erörtern will, würde man den heuristischen Nutzen der Fabeln nennen können. Warum fehlt es in allen Wissenschaften und Künsten so sehr an Erfindern und selbst denkenden Köpfen? Diese Frage wird am besten
5 durch eine andre Frage beantwortet: Warum werden wir nicht besser erzogen? Gott gibt uns die Seele; aber das Genie müssen wir durch die Erziehung bekommen. Ein Knabe, dessen gesamte Seelenkräfte man, so viel als möglich, beständig in einerlei Verhältnissen ausbildet und erweitert; den man angewöhnet, alles, was er täglich zu seinem klei-
10 nen Wissen hinzulernt, mit dem, was er gestern bereits wusste, in der Geschwindigkeit zu vergleichen, und Acht zu haben, ob er durch diese Vergleichung nicht von selbst auf die Dinge kömmt, die ihm noch nicht gesagt worden; den man beständig aus einer Scienz in die andere hinübersehen lässt; den man lehrt, sich ebenso leicht von
15 dem Besondern zu dem Allgemeinen zu erheben, als von dem Allgemeinen zu dem Besondern sich wieder herabzulassen. Der Knabe wird ein Genie werden oder man kann nichts in der Welt werden. Unter den Übungen nun, die diesem allgemeinen Plane zufolge angestellt werden müssten, glaube ich, würde die Erfindung äsopischer
20 Fabeln eine von denen sein, die dem Alter eines Schülers am allerangemessensten wären; nicht dass ich damit suchte, alle Schüler zu Dichtern zu machen; sondern weil es unleugbar ist, dass das Mittel, wodurch die Fabeln erfunden worden, gleich dasjenige ist, das allen Erfindern überhaupt das allergeläufigste sein muss. Dieses Mittel ist
25 das Principium der Reduktion.

2 Heuristik: Lehre von den Methoden zur Auffindung neuer wissenschaftlicher Erkenntnisse
13 Scienz: Wissenschaft

aus: Gotthold Ephraim Lessing: Von einem besonderen Nutzen der Fabeln in den Schulen. In: G. E. Lessing: Werke. Herausgegeben von Herbert Göpfert, Bd. 5, Carl Hanser Verlag, München 1973, S. 416

- **1** Stellen Sie mit eigenen Worten dar, welche Möglichkeiten Lessing für die schulische Arbeit mit Fabeln sieht. Was versteht Lessing unter dem „heuristischen Nutzen der Fabeln"?
- **2** Erinnern Sie sich an Lessings Text zum Wesen der Fabel: Welche Möglichkeit bietet danach die Fabel, wenn es darum geht, abstrakte Gedanken darzustellen?
- **3** Was bewirkt wohl das „Principium der Reduktion"?
- **4** Sie haben sich schon intensiv mit Kants Text „Was ist Aufklärung?" beschäftigt. Nutzen Sie nun die von Lessing ins Auge gefassten Möglichkeiten, und stellen Sie einzelne Gedanken Kants in einer Fabel dar.
  a) Wählen Sie einen geeigneten Gedanken aus dem Kant-Text aus.
  b) Konzentrieren Sie sich auf die zentrale Aussage. Überlegen Sie: Was ist damit konkret gemeint?
  c) Denken Sie sich passende Situationen und kleine Handlungen aus, die den Gedanken in konkretes Geschehen umsetzen.
  Beispiel:
  Text: „Es ist so bequem, unmündig zu sein."
  Fabel: Zwei Zugpferde waren es gewohnt, Tag für Tag vor den Wagen gespannt zu werden und diesen unermüdlich dahin zu ziehen, wohin sie ihr Besitzer lenkte. Eines Tages aber sprach das eine Pferd: „Mir reicht es. Ich lasse mich nicht mehr vor den Wagen spannen." Heimlich löste es sich aus seinem Geschirr, und als der Wagenlenker mit einem lauten „Hüh!" das Kommando zum Aufbruch gab, trat unser aufmüpfiges Pferd zur Seite. Dabei achtete es aber nicht darauf, wohin es trat, geriet in einen Graben und verstauchte sich den rechten Vorderfuß. „Siehst du", sagte das zweite Pferd, „das hättest du dir ersparen können. Da verlasse ich mich lieber auf unseren Lenker, der schon darauf achtet, dass wir nicht in einen Graben geraten!"

3.2.2 Aphorismus

Georg Christoph Lichtenberg: Aphorismen

Man spricht viel von Aufklärung und wünscht mehr Licht. Mein Gott, was hilft aber alles Licht, wenn die Leute entweder keine Augen haben, oder die, die sie haben, vorsätzlich verschließen? /1/

Wenn die wilden Schweine dem armen Manne seine Felder verderben, so rechnet man es ihm unter dem Namen Wildschaden für göttliche Schickung an. /2/

Wenn du die Geschichte eines großen Verbrechers liesest, so danke immer, ehe du ihn verdammst, dem gütigen Himmel, der dich mit deinem ehrlichen Gesicht nicht an den Anfang einer solchen Reihe von Umständen gestellt hat. /3/

Wenn ein Buch und ein Kopf zusammenstoßen und es klingt hohl, ist das allemal im Buch? /4/

Mit größerer Majestät hat noch nie ein Verstand stillgestanden. /5/

Wenn er seinen Verstand gebrauchen sollte, so war es ihm, als wenn jemand, der beständig seine rechte Hand gebraucht hat, etwas mit der linken tun soll. /6/

Was man von dem Vorteile und Schaden der Aufklärung sagt, ließe sich gewiss gut in einer Fabel vom Feuer darstellen. Es ist die Seele der unorganischen Natur, sein mäßiger Gebrauch macht uns das Leben angenehm, es erwärmt unsere Winter und erleuchtet unsere Nächte. Aber das müssen Lichter und Fackeln sein, die Straßenerleuchtung durch angezündete Häuser ist eine sehr böse Erleuchtung. Auch muss man Kinder nicht damit spielen lassen. /7/

Weiser werden heißt immer mehr und mehr die Fehler kennen lernen, denen dieses Instrument, womit wir empfinden und urteilen, unterworfen sein kann. Vorsichtigkeit im Urteilen ist, was heutzutage allen und jedem zu empfehlen ist. Gewönnen wir alle zehn Jahre nur eine unstreitige Wahrheit von jedem philosophischen Schriftsteller, so wäre unsere Ernte immer reich genug. /8/

Dass ich etwas, ehe ich es glaube, erst durch meine Vernunft laufen lasse, ist mir nicht ein Haar wunderbarer, als dass ich erst etwas im Vorhof meiner Kehle kaue, ehe ich es hinunterschlucke. Es ist sonderbar, so etwas zu sagen, und für unsere Zeiten zu hell, aber ich fürchte, es ist für 200 Jahre, von hier ab gerechnet, zu dunkel. /9/

Darf ein Volk seine Staatsverfassung ändern, wenn es will? Über diese Frage ist sehr viel Gutes und Schlechtes gesagt worden. Ich glaube, die beste Antwort darauf ist: Wer will es ihm wehren, wenn es entschlossen ist? /10/

Die edle Einfalt in den Werken der Natur hat nur gar zu oft ihren Grund in der edlen Kurzsichtigkeit dessen, der sie beobachtet. /11/

Auf den Fenstern der Aufklärung ruht in Deutschland wenigstens eine schwere Taxe. /12/

Georg Christoph Lichtenberg

Georg Christoph Lichtenberg wurde 1742 bei Darmstadt als 17. Kind einer Pfarrersfamilie geboren. Von früher Kindheit an litt er unter einer Rückgratverkrümmung und einer schwachen Lunge. Diese körperlichen Defizite führten zu Hypochondrie und Melancholie, die ihn sein Leben lang begleiteten. Pietistisch erzogen besuchte er das Darmstädter Gymnasium und studierte ab 1763 in Göttingen Mathematik, Physik und Philosophie. 1767 wurde er Professor für Mathematik und Physik. Als Hofmeister betreute er junge englische Studenten, die in Göttingen studierten. Zwei von ihnen begleitete er auch nach England, wo er von König Georg III. empfangen wurde. In England begegnete er auch James Watt, dem Erfinder der Dampfmaschine. Fasziniert war er vom Großstadtleben Londons. Er kehrte nach Göttingen zurück und lebte ein zurückgezogenes Leben. Er wohnte im Haus seines Freundes und Verlegers Dieterich, für den er – gewissermaßen als Bezahlung der Miete – den „Göttinger Taschen Calender" herausgab. 1799 starb er. Lichtenberg war ein präziser und kritischer Beobachter, der seine Beobachtungen wie sein Denken in knapp gefassten Sätzen niederschrieb. Er gilt daher als der Schöpfer des deutschen Aphorismus.

> **Aphorismus:** (zu gr. definieren) pointierte und schlagkräftig formulierte geistreiche Äußerung in Prosa; Gedankensplitter, der Bekanntes auf durchsichtige Formel bringt und sich dabei auf bestimmten Konsensus berufen kann; Aphorismen schrieben meisterhaft Lichtenberg, Goethe, Fr. Schlegel, Novalis, Nietzsche.
> (aus: Otto F. Best: a.a.O., S. 21)

aus: Georg Christoph Lichtenberg: Aphorismen, Essays, Briefe. Herausgegeben von Kurt Batt, Dieterich'sche Verlagsbuchhandlung, Leipzig ⁴1985, S. 73 f., 97, 101, 104, 125, 169, 178, 186, 188, 201, 238, 241, 245, 259, 265, 280

Aufklärung: Literaturgeschichtliche Aspekte

Es kann nicht alles ganz richtig sein in der Welt, weil die Menschen noch mit Betrügereien regieret werden müssen. /14/

Es ist fast unmöglich, die Fackel der Wahrheit durch ein Gedränge zu tragen, ohne jemandem den Bart zu sengen. /15/

Nichts setzt dem Fortgang der Wissenschaften mehr Hindernisse entgegen, als wenn man zu wissen glaubt, was man noch nicht weiß. In diesen Fehler fallen gewöhnlich die schwärmerischen Erfinder von Hypothesen. /16/

Es kommt nicht darauf an, ob die Sonne in eines Monarchen Staaten nicht untergeht, wie sich Spanien ehedem rühmte, sondern was sie während ihres Laufes in diesen Staaten zu sehen bekommt. /17/

Es ist ja doch nun einmal nicht anders: Die meisten Menschen leben mehr nach der Mode als nach der Vernuft. /18/

Wir verbrennen zwar keine Hexen mehr, aber dafür jeden Brief, worin eine derbe Wahrheit gesagt ist. /19/

1 Erläutern Sie mit eigenen Worten,
  – was ein Aphorismus ist,
  – was zum Thema eines Aphorismus werden kann,
  – welche Aufgabe sich dem Rezipienten eines Aphorismus stellt.

2 Suchen Sie sich einen Partner und besprechen Sie mit ihm Ihre sowie seine Ergebnisse aus Aufgabe 1. Demonstrieren Sie die einzelnen Aussagen anhand ausgewählter Beispiele.

3 Ein Teil der hier ausgewählten Aphorismen thematisiert direkt Fragen aus dem Problemkreis „Aufklärung". Stellen Sie diese Aphorismen zusammen und erläutern Sie detailliert, welche Aspekte von Aufklärung angesprochen bzw. problematisiert werden.

4 Andere Aphorismen stellen Erkenntnisse als Ergebnisse von Aufklärungsprozessen dar. Versuchen Sie, diese Aphorismen nach Themenbereichen zu ordnen und die Themenbereiche zu benennen.

5 Welcher der in Aufgabe 4 zusammengestellten Problemkreise interessiert Sie besonders? Formulieren Sie das Problem als scharf abgegrenztes Thema und verfassen Sie eine Erörterung. Arbeiten Sie in Ihre Ausführungen die einschlägigen Aphorismen ein. Selbstverständlich können Sie auch weitere Aphorismen von Lichtenberg suchen und diese einarbeiten.
Hinweis: Achten Sie bei Übernahmen auf korrektes Zitieren.

6 Versuchen Sie nun selbst den einen oder anderen Aphorismus zu formulieren. Bleiben Sie dabei im Problembereich „Aufklärung" und verlassen Sie thematisch auch nach Möglichkeit nicht Ihre nähere Umgebung (Kurs, Jahrgang, Schule ...). Sie können zum Beispiel einen der folgenden Sätze zu vollenden versuchen:
  – Aufklärung ist, wenn ...
  – Aufklärung wäre, wenn ...
  – Wenn manche, die sich für aufgeklärt halten, ...
  – Manche reden von Vernunft, ...
  – Heutzutage ... man lieber ..., als dass man ...
  – In der Schule wird viel von Vernunft geredet, aber ...
  – ...

7 Diskutieren Sie die Inhalte der von Ihnen formulierten Aphorismen.

Erörtern: Ein Problem kann man als Behauptung (These) formulieren oder als Frage.
Vorarbeiten:
1) Begriffserläuterung(en): Die in der Problemformulierung enthaltenen wichtigen Begriffe müssen erläutert bzw. definiert werden, um Missverständnisse zu vermeiden
2) Fragen schlüsseln das Problem weiter auf: wer, was, wo, womit, warum, wie, wann?
Welche Lebensbereiche sind betroffen?
Welche Vor- und Nachteile könnten sich ergeben?
Welche Ursachen sind zu vermuten bzw. zu erkennen?
Welche Wirkungen und Folgen könnten sich ergeben?
Durchführung:
1) Stoff sammeln: Die Antworten, die sich auf die genannten Fragen ergeben, werden zusammengestellt. Weitere Einfälle werden notiert.
2) Gliedern, dabei
  – die Funktion der einzelnen Teile beachten (Beispiel, Argument ...) und sie entsprechend einordnen
  – Einzelteile übergeordneten Gesichtspunkten zuordnen
  – die übergeordneten Gesichtspunkte nach einem sinnvollen Prinzip (steigernd; Gegensätze gegenüberstellend; zeitl. Entwicklung ...) anordnen
3) Zusammenhängenden Text formulieren, dabei:
  – in der Einleitung zum Thema hinführen
  – in den Überleitungen Verbindungen bzw. Unterschiede herausstellen
  – am Schluss ein Fazit ziehen

Zitieren: 1) Man übernimmt einen Textteil direkt, setzt den Text in Anführungszeichen und gibt die Zeile(n) in Klammern an. Beispiel: Keuner begründet sein Verhalten so: „Gerade ich muss länger leben als die Gewalt." (Z. 10 f.)
2) Man übernimmt einen Textteil, muss aber Änderungen vornehmen, um ihn an den Rahmen anzupassen, in dem er erscheinen soll. Dabei handelt es sich in der Regel um grammatische Anpassungen, die man als solche kennzeichnen muss: Auslassungen werden durch drei Punkte in eckigen Klammern gekennzeichnet. Beispiel: Herr Egge „hütete [...] sich wohl, [...] ein Wort zu sagen." (Z. 7) Ergänzungen werden in eckige Klammern gesetzt. Beispiel: Es überrascht zunächst, wenn Tucholsky einer „sanfte[n] grüne[n] Lampe" (Z. 8) die Schuld am Sterben des jungen Mannes gibt.
3) Man zitiert sinngemäß: Man gibt den Inhalt einer Formulierung in eigenen Worten wieder. Auch dann muss man den Ursprung des Gedankens angeben. (siehe ...; vergleiche ...; frei nach ... .)

4 Die Bühne: Die „Kanzel" des Dichters Lessing

Als sich Lessing zu weit vorwagte und in Streit geriet mit renommierten Theologen, erteilte ihm sein Herzog Schreibverbot. Das Verbot allerdings beschränkte sich auf die Veröffentlichung theologischer Schriften. Lessing entschloss sich, sich auf seine eigentliche „Kanzel" zurückzuziehen, und schrieb den „Nathan".

■■ Was kann gemeint sein, wenn ein Dichter von der Bühne als seiner „Kanzel" spricht?

In diesem Kapitel geht es darum, am Beispiel zweier Dramen zu untersuchen, wie ein Autor im Zeitalter der Aufklärung es anstellte, wenn er seine Ideen wirkungsvoll unters Volk bringen wollte.

4.1 Neues im Bereich der Dramentheorie

4.1.1 Gottsched

Johann Christoph Gottsched: Über die Tragödie

§ 9. Was den andern Theil der Tragödie, der nicht gesungen ward, anlanget, so bestund derselbe aus den Unterredungen der auftretenden Personen, die eine gewisse Fabel vorstelleten. Ungeachtet nun diese Fabel nur eine einzige Haupthandlung haben muß, wenn sie
5 gut seyn soll: so theilte man doch der Abwechselung halber, dieselbe in fünf Theile ein, die man Actus, Thaten, oder noch besser, Aufzüge nennte [...]. Die Ursache dieser fünffachen Eintheilung ist wohl freylich willkührlich gewesen: indessen ist diese Zahl sehr bequem, damit dem Zuschauer nicht die Zeit gar zu lang werde.
10 Denn wenn jeder Aufzug ohngefähr eine viertel Stunde daurete, so dann aber der Chor sein Lied darzwischen sang: so konnte das Spiel nicht viel länger als zwo Stunden dauern; welches so eben die rechte Zeit ist, die sich ohne Ueberdruß einem Schauspiele widmen läßt. Es waren aber diese fünf Aufzüge untereinander eben durch den
15 Chor der Sänger verbunden. [...]
§ 14. Eine solche Fabel nun zu erdichten, sie recht wahrscheinlich einzurichten, und wohl auszuführen, das ist das allerschwerste in einer Tragödie [...] Das macht, daß dieselbe eine dreyfache Einheit haben muß, wenn ich so reden darf: Die Einheit der Handlung, der Zeit,
20 und des Ortes. Von allen dreyen müssen wir insonderheit handeln.
§ 15. Die ganze Fabel hat nur eine Hauptabsicht; nämlich einen moralischen Satz: also muß sie auch nur eine Haupthandlung haben, um derentwegen alles übrige vorgeht. [...]
§ 16. Die Einheit der Zeit ist das andre, daß in der Tragödie unent-
25 behrlich ist. Die Fabel eines Heldengedichtes kann viele Monathe dauren, wie oben gewiesen worden; das macht, sie wird nur gelesen: aber die Fabel eines Schauspieles, die mit lebendigen Personen in etlichen Stunden wirklich vorgestellet wird, kann nur einen Umlauf der Sonnen, wie Aristoteles spricht; das ist einen Tag, dauren. [...]
30 Die besten Fabeln sind also diejenigen, die nicht mehr Zeit nöthig gehabt hätten, wirklich zu geschehen, als sie zur Vorstellung brauchen; das ist etwa drey oder vier Stunden: und so sind die Fabeln der meisten griechischen Tragödien beschaffen. Kömmt es hoch, so bedörfen sie sechs, acht, oder zum höchsten zwölf Stunden zu
35 ihrem ganzen Verlaufe: und höher muß es ein Poet nicht treiben; wenn er nicht wider die Wahrscheinlichkeit handeln will. [...]

Leonhard Schorer: Johann Christoph Gottsched (Gemälde, 1744)

Johann Christoph Gottsched wurde im Jahre 1700 in Ostpreußen als Sohn eines Pfarrers geboren. Schon mit 14 Jahren besuchte er die Universität Königsberg, wo er neben Theologie Philosophie, Mathematik, Physik, Klassische Philologie, Poesie und Rhetorik studierte. Mit 19 Jahren hatte er seine erste Dissertation geschrieben. 1724 floh er mit seinem Bruder nach Leipzig, um dem Militär zu entgehen. Dort habilitierte er sich für Philosophie und Dichtkunst. Besondere Verdienste erwarb sich Gottsched um die deutsche Sprache: 1726 wurde er zum Senior der „Deutschen Gesellschaft" in Leipzig gewählt, deren Zeitschrift er lange Zeit herausgab. Zudem verfasste er eine Poetik, in der er Grundsätze einer neuen, vernünftigen Dichtung aufstellte, und war darum bemüht, das Niveau des deutschen Theaters anzuheben. Er griff auf die Dramen des französischen Klassizismus zurück, die er als Modelle für das deutsche Theater betrachtete, und schrieb eine „deutsche Originaltragödie". Seine wichtigsten Werke: Versuch einer critischen Dichtkunst vor die Deutschen (1730); Sterbender Cato (1731)

§ 18. Zum dritten gehört zur Tragödie die Einigkeit des Ortes. Die Zuschauer bleiben auf einer Stelle sitzen: folglich müssen auch die spielenden Personen alle auf einem Platze bleiben, den jene über-
⁴⁰ sehen können, ohne ihren Ort zu ändern. So ist im Oedipus, z. E. der Schauplatz auf dem Vorhofe des königlichen thebanischen Schlosses, darinn Oedipus wohnt. Alles [...] das geschieht vor diesem Pallaste: nichts, was man wirklich sieht, trägt sich in den Zimmern zu; sondern draußen auf dem Schloßplatze, vor den
⁴⁵ Augen alles Volks. [...] Wo man ist, da muß man bleiben; und daher auch nicht in dem ersten Aufzuge im Walde, in dem andern in der Stadt, in dem dritten im Kriege, und in dem vierten in einem Garten, oder auf der See seyn. Das sind lauter Fehler wider die Wahrscheinlichkeit: eine Fabel aber, die nicht wahrscheinlich
⁵⁰ ist, taugt nichts, weil dieses ihre vornehmste Eigenschaft ist.

aus: Johann Christoph Gottsched: Versuch einer Critischen Dichtkunst. Unveränderter reprografischer Nachdruck der 4. vermehrten Ausgabe, Wissenschaftliche Buchgesellschaft, Darmstadt 1982, S. 606 ff.; Text in originaler Rechtschreibung

- Was sagt Gottsched zur „Fabel" eines Dramas?
- Was versteht Gottsched unter „Fehlern wider die Wahrscheinlichkeit"?
- Fassen Sie zusammen und erläutern Sie, was die Forderung nach der Einhaltung der drei Einheiten bedeutet. Diskutieren Sie die Gründe, die Gottsched hierfür ins Feld führt.

Gotthold Ephraim Lessing: Briefe, die neueste Literatur betreffend

Den 16. Februar 1759
SIEBZEHNTER BRIEF
„Niemand", sagen die Verfasser der „Bibliothek" „wird leugnen, dass die deutsche Schaubühne einen großen Teil ihrer ersten Verbesserung dem Herrn Professor Gottsched zu danken habe."
Ich bin dieser Niemand; ich leugne es gerade zu. Es wäre zu wün-
⁵ schen, dass sich Herr Gottsched niemals mit dem Theater vermengt hätte. Seine vermeinten Verbesserungen betreffen entweder entbehrliche Kleinigkeiten oder sind wahre Verschlimmerungen.
Als die Neuberin blühte und so mancher den Beruf fühlte, sich um sie und die Bühne verdient zu machen, sahe es freilich mit unserer
¹⁰ dramatischen Poesie sehr elend aus. Man kannte keine Regeln; man bekümmerte sich um keine Muster. Unsre Staats- und Heldenaktionen waren voller Unsinn, Bombast, Schmutz und Pöbelwitz. Unsre Lustspiele bestanden in Verkleidungen und Zaubereien; und Prügel waren die witzigsten Einfälle derselben. Dieses Verderbnis einzuse-
¹⁵ hen, brauchte man eben nicht der feinste und größte Geist zu sein. Auch war Herr Gottsched nicht der erste, der es einsahe; er war nur der erste, der sich Kräfte genug zutraute, ihm abzuhelfen. [...] er legte seinen Fluch auf das Extemporieren; er ließ den Harlekin feierlich vom Theater vertreiben, welches selbst die größte Harlekinade
²⁰ war, die jemals gespielt worden: Kurz, er wollte nicht sowohl unser altes Theater verbessern als der Schöpfer eines ganz neuen sein. Und was für eines neuen? Eines französierenden; ohne zu untersuchen, ob dieses französierende Theater der deutschen Denkungsart angemessen sei oder nicht.
²⁵ Er hätte aus unsern alten dramatischen Stücken, welche er vertrieb, hinlänglich abmerken können, dass wir mehr in den Geschmack der Engländer als der Franzosen einschlagen; dass wir in unsern Trauerspielen mehr sehen und denken wollen, als uns das furcht-

1 „Bibliothek": von Christoph Friedrich Nicolai bei Dyck in Leipzig herausgegebene Literaturzeitschrift „Bibliothek der schönen Wissenschaften und freien Künste" (in einer Anmerkung gibt Lessing genauer an: „des dritten Bandes erstes Stück. S. 85"). Lessing schlug Nicolai vor, im eigenen Verlag eine wirklich kritische, neue Zeitschrift herauszugeben. Die „Briefe, die neueste Literatur betreffend" stellten das Gerüst dieses Organs dar.
8 Neuberin: Caroline Friederike Neuber, geb. Weißenborn (1700–1760) war die wohl bekannteste Schauspielerin und Theaterchefin ihrer Zeit. Von 1727 bis 1750 wirkte sie mit einer eigenen Truppe in Deutschland nicht nur als Schauspielerin und Prinzipalin, sondern auch als Übersetzerin und Bühnenautorin. Ihr Name ist mit dem Namen Gottscheds untrennbar verbunden. Beide gelten als die ersten, die die deutsche Bühne im 18. Jahrhundert reformieren und um eine entschiedene Anhebung des Niveaus bemüht waren, indem sie die derzeit üblichen Possen und Harlekinaden zu ersetzen versuchten und den Harlekin oder „Hanswurst", eine Figur, die von derben Späßen lebte, von der Bühne vertrieben.
18 Extemporieren: aus dem Stegreif reden

same französische Trauerspiel zu sehen und zu denken gibt; dass das Große, das Schreckliche, das Melancholische besser auf uns
30 wirkt als das Artige, das Zärtliche, das Verliebte; dass uns die zu große Einfalt mehr ermüde als die zu große Verwicklung etc. Er hätte also auf dieser Spur bleiben sollen, und sie würde ihn geraden Weges auf das englische Theater geführt haben. [...]
Wenn man die Meisterstücke des Shakespeare, mit einigen be-
35 scheidenen Veränderungen, unsern Deutschen übersetzt hätte, ich weiß gewiss, es würde von bessern Folgen gewesen sein, als dass man sie mit dem Corneille und Racine so bekannt gemacht hat. Erstlich würde das Volk an jenem weit mehr Geschmack gefunden haben, als es an diesen nicht finden kann; und zweitens würde
40 jener ganz andere Köpfe unter uns erweckt haben, als man von diesen zu rühmen weiß. Denn ein Genie kann nur von einem Genie entzündet werden; und am leichtesten von so einem, das alles bloß der Natur zu danken zu haben scheinet und durch die mühsamen Vollkommenheiten der Kunst nicht abschrecket.

37 Pierre Corneille (1606–1684) und Jean Racine (1639–1699): französische Dramatiker

aus: Gotthold Ephraim Lessing: Briefe, die neueste Literatur betreffend. In: Lessings Werke in fünf Bänden, a.a.O., Bd. 3, S. 81 f.

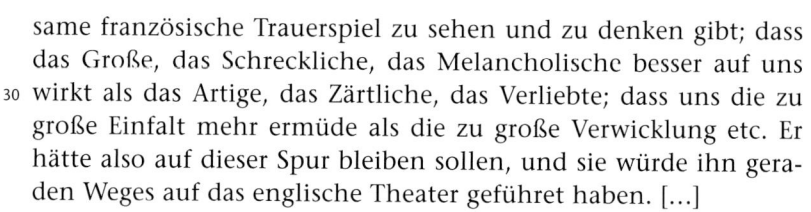

▶▪ Wie steht Lessing zu Gottsched?
▶▪ Was hält Lessing von Gottscheds Vorhaben?
▶▪ Welche Gründe macht Lessing für seine Meinung geltend?
▶▪ Wie sieht Lessing den Gegensatz zwischen Franzosen und Engländern? Warum zieht er die englischen Stücke als mögliche Vorbilder für die deutschen Trauerspiele vor?
▶▪ Welche Wirkungen erhofft sich Lessing vom englischen Theater?

4.1.2 Aristoteles

Lessing beruft sich in seiner Argumentation immer wieder auf Aristoteles. Auch Gottscheds Überlegungen sind ohne Aristoteles nicht denkbar. Darum hier ein Auszug aus seiner „Poetik":

Aristoteles: Zur Tragödie

Es ist also die Tragödie die nachahmende Darstellung einer ernsten und in sich abgeschlossenen Handlung, die eine gewisse Größe hat, in kunstvollem Stil, der in den einzelnen Teilen sich deren besonderer Art anpasst, einer Handlung, die nicht bloß
5 erzählt, sondern durch handelnde Personen vor Augen gestellt wird und die durch Mitleid und Furcht erregende Vorgänge die Auslöschung (Katharsis) dieser und ähnlicher Gemütsbewegungen bewirkt. [...] Die nachahmende Darstellung einer Handlung ist nun die Fabel. Unter Fabel verstehe ich hier die Verknüpfung der
10 Begebenheiten, unter Charakter die sittlichen Eigenschaften, die wir den handelnden Personen zuschreiben, unter Verstand die Fähigkeit, ihre Gedanken in Worten zu entwickeln oder einen Entschluss kundzutun. [...] Außerdem sind die Mittel, durch welche die Tragödie den stärksten Eindruck macht, Teile der Fabel,
15 nämlich die Peripetien und Wiedererkennungsszenen [...]. Der Quellpunkt und gewissermaßen die Seele der Tragödie ist also die Fabel, erst an zweiter Stelle kommen die Charaktere [...]. Denn die Tragödie ist nun einmal die nachahmende Darstellung einer Handlung und deshalb in erster Linie von handelnden Menschen.
20 Das dritte ist die Gedankenführung. Diese beruht auf der Fähigkeit, das Sachgemäße und Passende zu sagen. [...]

Büste von Aristoteles aus der Zeit von Kaiser Claudius (gilt als Kopie einer Statue, die zu Lebzeiten des Philosophen entstand)

Wir haben den Satz aufgestellt, die Tragödie sei die nachahmende Darstellung einer in sich abgeschlossenen und vollständigen Handlung, die eine gewisse Größe hat. Es kann nämlich auch eine vollständige Handlung geben, die keine [angemessene] Größe hat. Vollständig aber ist, was Anfang, Mitte und Ende hat. Anfang ist etwas, was selbst nicht notwendig auf etwas anderes folgt, nach dem aber natürlicherweise notwendig oder doch meistens etwas anderes ist oder eintritt. Ende aber ist im Gegensatz dazu etwas, das selbst natürlicherweise notwendig oder doch meistens nach einem anderen ist oder eintritt, auf das aber nichts anderes mehr folgt. Mitte endlich ist etwas, das sowohl selbst auf ein anderes folgt, als auch seinerseits wieder etwas anderes im Gefolge hat. [...]

Es muss daher, wie auch in den andern nachahmenden Künsten der Gegenstand der Darstellung ein einheitlicher ist, so auch die Fabel, da sie Nachahmung einer Handlung ist, Nachahmung einer einheitlichen und vollständigen Handlung sein, und der Zusammenhang muss ein derartig geschlossener sein, dass, wenn man einen Teil versetzt oder wegnimmt, das Ganze zusammenbricht oder doch erschüttert wird. Denn ein Bestandteil, dessen Dasein oder Fehlen sich nicht bemerkbar macht, ist auch kein wesentlicher Teil des Ganzen.

Aus dem Gesagten geht hervor, dass es nicht die Aufgabe des Dichters ist, das, was wirklich geschehen ist, zu erzählen, sondern das, was hätte geschehen können, d. h. was nach Wahrscheinlichkeit oder Notwendigkeit möglich ist. [...] Denn die Poesie richtet sich mehr auf das Allgemeine, während die Geschichtsschreibung das Einzelne erzählt. Das Allgemeine besteht darin, dass es einem Menschen von bestimmtem Charakter nach Wahrscheinlichkeit oder Notwendigkeit zukommt, so oder so zu reden und zu handeln. [...]

Die Tragödie ist aber nicht nur die Darstellung einer in sich abgeschlossenen Handlung, sondern auch einer solchen, in der Mitleid und Furcht erregende Vorgänge vorkommen. Diese Wirkung wird am meisten dann eintreten, wenn etwas aus dem inneren Zusammenhang heraus wider Erwarten geschieht. In diesem Falle wird das Wunderbare noch mehr Eindruck machen, als wenn es nur von selbst und zufällig eintritt. [...]

Peripetie ist [...] der Umschlag dessen, was man tut, in sein Gegenteil nach Wahrscheinlichkeit oder Notwendigkeit, z. B. wenn im „Ödipus" der Bote kommt in der Absicht, ihm eine erfreuliche Nachricht zu bringen und ihn von der Furcht betreffs seiner Mutter zu befreien, und nun durch die Enthüllung seiner Abstammung gerade das Gegenteil bewirkt [...]. In einer Erkennungsszene erfolgt, wie der Name sagt, der Umschlag aus dem Nichtkennen in das Erkennen, das entweder zur Freundschaft oder zur Feindschaft der zum Glück oder zum Unglück bestimmten Personen führt. [...] Das also sind zwei Bestandteile der Fabel, die Peripetie und die Wiedererkennung. Der dritte ist die Leid schaffende Tat. Diese besteht in einer Handlung, die entweder den Untergang herbeiführt oder doch Schmerzen verursacht, wie z. B. Tod auf offener Bühne, qualvolle Schmerzen, Verwundungen und was es sonst noch derart gibt.

[...] Da der Aufbau einer idealen Tragödie nicht einfach sein darf, sondern verflochten sein muss und sie, gemäß der ihr eigenen Darstellungsform, solche Handlungen zur Darstellung zu bringen hat, die Mitleid und Furcht erregen, so ist fürs Erste klar, dass darin weder sittlich besonders tüchtige Menschen vorkommen dürfen,

---

15 Peripetie: Wende
60 „König Ödipus": Tragödie von Sophokles

die vom Glück ins Unglück stürzen – denn das erregt weder Furcht noch Mitleid, sondern ist einfach entsetzlich –, noch Schurken,
80 die vom Unglück ins Glück kommen, denn das wäre das Alleruntragischste, und ein solches Motiv ließe alles vermissen, was man hier braucht: Es würde weder menschliche Teilnahme noch Mitleid und Furcht erwecken. Es dürfen jedoch auch nicht ganz böse Menschen aus dem Glück ins Unglück geraten. Die menschliche
85 Teilnahme würde das ja zwar berühren, aber weder Mitleid noch Furcht erregen [...] Es bleibt also derjenige Typus übrig, der zwischen diesen Extremen die Mitte hält. Ein solcher ist, wer sich weder durch Tugend und Gerechtigkeit auszeichnet, noch infolge von Schlechtigkeit und Schurkerei ins Unglück gerät, sondern
90 durch irgendeinen Fehltritt. Und zwar werden es Menschen in hoher Stellung und glücklichen äußeren Verhältnissen sein, wie Ödipus und Thyestes und andere hervorragende Männer aus solchen Geschlechtern.

[...] Da nun der Dichter durch seine nachahmende Darstellung
95 denjenigen ästhetischen Genuss bereiten soll, der auf der Grundlage von Mitleid und Furcht erwächst, so ist es klar, dass er die Handlung auf diese Wirkung hin anlegen muss. Sehen wir nun zu, welcher Art die furchtbaren und welcher Art die Mitleid erregenden Vorgänge sind! [...] der Dichter [muss] auf solche Fälle ausge-
100 hen, in denen Leid schaffende Taten in befreundeten Kreisen vollbracht werden, wenn also z. B. der Bruder den Bruder oder der Sohn den Vater oder die Mutter den Sohn oder der Sohn die Mutter tötet oder töten soll, oder sonst ein Verwandter etwas derartiges tut. [...]
105 Jede Tragödie besteht aus der Schürzung und Lösung einer Verwicklung. Das, was außerhalb des Stückes liegt, und einige Vorgänge innerhalb desselben bilden die Schürzung; der Rest kommt auf die Lösung. Unter Schürzung verstehe ich den Teil der Tragödie, der sich vom Beginn bis zur äußersten Grenze des Abschnitts erstreckt,
110 in dem der Umschlag ins Glück oder ins Unglück einsetzt, unter Lösung den Teil, der vom Beginn des Umschlags bis zum Ende reicht [...].

aus: Aristoteles. Hauptwerke. Ausgewählt, übersetzt und eingeleitet von Wilhelm Nestle, Alfred Kröner Verlag, Stuttgart 1963, S. 344–365

1. Welchen Unterschied sieht Aristoteles zwischen der Tragödie und der Geschichtsschreibung?
2. Was macht nach Aristoteles eine gute Tragödie aus?
   a) Aus welchen Teilen besteht sie?
   b) Welche Bedingungen müssen diese Teile erfüllen?
3. Was versteht Aristoteles unter der „Fabel"?
   a) Aus welchen Teilen besteht sie?
   b) Was fordert Aristoteles für die Fabel? Wann kann man von einer „einheitlichen Fabel" sprechen?
4. Wie stellt sich Aristoteles den idealen tragischen Helden vor, der besonders gute Wirkung erzielt?
5. Untersuchen Sie genauer, welche Wirkung nach Aristoteles eine gute Tragödie haben soll:
   a) Klären Sie die Begriffe „Mitleid", „Furcht" und „Katharsis". (Achten Sie genau auf das, was Aristoteles sagt!)
   b) Was an der Tragödie soll diese Wirkungen erzielen?
6. Überlegen Sie: Waren Sie schon einmal richtig erschüttert durch Theater/Film/Fernsehen? Wie kam es zu dieser Wirkung? Lassen sich zwischen Ihren Überlegungen und den Aussagen von Aristoteles Gemeinsamkeiten finden?

4.1.3 Lessing

Gotthold Ephraim Lessing: Hamburgische Dramaturgie

VIERZEHNTES STÜCK
Den 16. Junius 1767
[...] Die Namen von Fürsten und Helden können einem Stücke Pomp und Majestät geben; aber zur Rührung tragen sie nichts bei. Das Unglück derjenigen, deren Umstände den unsrigen am nächs-
5 ten kommen, muss natürlicherweise am tiefsten in unsere Seele dringen; und wenn wir mit Königen Mitleiden haben, so haben wir es mit ihnen als mit Menschen und nicht als mit Königen. Macht ihr Stand schon öfters ihre Unfälle wichtiger, so macht er sie darum nicht interessanter. Immerhin mögen ganze Völker darein ver-
10 wickelt werden, unsere Sympathie erfordert einen einzelnen Gegenstand, und ein Staat ist ein viel zu abstrakter Begriff für unsere Empfindungen.

FÜNFUNDSIEBZIGSTES STÜCK
Den 19. Januar 1768
[...] wenigstens ist es unleugbar, dass Aristoteles entweder muss geglaubt haben, die Tragödie könne und solle nichts als das eigentliche Mitleid, nichts als die Unlust über das gegenwärtige Übel eines
5 andern erwecken, welches ihm schwerlich zuzutrauen; oder er hat alle Leidenschaften überhaupt, die uns von einem andern mitgeteilet werden, unter dem Worte Mitleid begriffen.
Denn er, Aristoteles, ist es gewiss nicht, der die mit Recht getadelte Einteilung der tragischen Leidenschaften in Mitleid und Schrecken
10 gemacht hat. Man hat ihn falsch verstanden, falsch übersetzt. Er spricht von Mitleid und Furcht, nicht von Mitleid und Schrecken; und seine Furcht ist durchaus nicht die Furcht, welche uns das bevorstehende Übel eines andern für diesen andern erweckt, sondern es ist die Furcht, welche aus unserer Ähnlichkeit mit der lei-
15 denden Person für uns selbst entspringt; es ist die Furcht, dass die Unglücksfälle, die wir über diese verhänget sehen, uns selbst treffen können, es ist die Furcht, dass wir der bemitleidete Gegenstand selbst werden können. Mit einem Worte: Diese Furcht ist das auf uns selbst bezogene Mitleid.
20 Es beruhet aber alles auf dem Begriffe, den sich Aristoteles von dem Mitleiden gemacht hat. Er glaubte nämlich, dass das Übel, welches der Gegenstand unsers Mitleidens werden solle, notwendig von der Beschaffenheit sein müsse, dass wir es auch für uns selbst (oder für eines von den Unsrigen) zu befürchten hätten. Wo diese Furcht
25 nicht sei, könne auch kein Mitleiden stattfinden. Denn weder der, den das Unglück so tief herabgedrückt habe, dass er weiter nichts für sich zu fürchten sähe, noch der, welcher sich so vollkommen glücklich glaube, dass er gar nicht begreife, woher ihm ein Unglück zustoßen könne, weder der Verzweifelnde noch der Übermütige
30 pflege mit andern Mitleid zu haben. Er erkläret daher auch das Fürchterliche und das Mitleidswürdige eines durch das andere. Alles das, sagt er, ist uns fürchterlich, was, wenn es einem andern begegnet wäre (oder begegnen sollte) unser Mitleid erwecken würde. Und alles das finden wir mitleidswürdig, was wir fürchten würden, wenn
35 es uns selbst bevorstünde. [...] Aus dieser Gleichheit entstehe die Furcht, dass unser Schicksal gar leicht dem seinigen ebenso ähnlich werden könne, als wir ihm zu sein uns selbst fühlen; und diese Furcht sei es, welche das Mitleid gleichsam zur Reife bringe.

Anton Graff: Gotthold Ephraim Lessing

Gotthold Ephraim Lessing wurde 1729 in Kamenz/Oberlausitz als Sohn des dortigen Pfarrers geboren. Nachdem er die Schule mit 15 Jahren verlassen hatte, studierte er Medizin und Theologie in Leipzig und lebte anschließend als freier Schriftsteller in Berlin, wo er als Redakteur und Rezensent für mehrere Zeitungen arbeitete. Er schrieb auch erste Stücke für verschiedene Theatergruppen, lebte aber in dauernder Geldnot und nahm deshalb schließlich eine Stelle als Sekretär beim Generalgouverneur von Schlesien, Tauentzien, in Breslau an, die er bis 1765 innehatte. 1767 begann er als Dramaturg und Kritiker am Deutschen Nationaltheater in Hamburg zu arbeiten; schließlich wurde er 1770 als Bibliothekar in Wolfenbüttel angestellt. Nun waren zwar die ärgsten Geldnöte behoben, doch musste er, der sich mit seinen kritischen Äußerungen und Schriften immer auch Feinde machte, dafür eine gewisse Zensur in Kauf nehmen. Er starb 1781 in Braunschweig. Lessing gilt mit seinen Dramen, theater- und literaturtheoretischen Schriften, Fabeln, aber auch theologischen Werken als einer der berühmtesten Verfechter aufklärerischer Leitgedanken wie Toleranz und Menschlichkeit.
Seine wichtigsten Werke: Miss Sara Sampson (1755); Laokoon oder Über die Grenzen der Malerei und Poesie (1766); Minna von Barnhelm oder Das Soldatenglück (1767); Hamburgische Dramaturgie (1767–1769); Emilia Galotti (1772); Nathan der Weise (1779)

aus: Gotthold Ephraim Lessing: Hamburgische Dramaturgie. In: Lessings Werke in fünf Bänden, a.a.O., Bd. 4, S. 71 f., 363–366

Ludwig Tacke: Die alte Wolfenbütteler Herzog-August-Bibliothek (Gemälde, 1850)

■ ■ Wie interpretiert Lessing die aristotelischen Begriffe Furcht und Mitleid? Versuchen Sie, die Stellen im Text von Aristoteles zu identifizieren, auf die sich Lessing im Einzelnen bezieht.
a) Welche „Fehldeutungen" lehnt er ab?
b) Was ist in seinen Augen der Grund des Mitleids?
c) Wem gilt die Furcht?

■ 2 Nach Aristoteles bewirkt das Drama beim Zuschauer eine Katharsis (Reinigung) durch die Erzeugung von Phobos (Furcht) und Eleos (Mitleid). Was könnte Lessing unter Katharsis verstehen?

■ 3 Diskutieren Sie: Wie kann ein Aufklärer, der die Vernunft so hoch schätzt, eine Textart favorisieren, die in ihren Wirkungen besonders auf den emotionalen Bereich abhebt?
Hinweis: Sie sollten diese Diskussion so weit führen, dass sie in einzelne, präzise ausformulierte Fragen einmündet, die Sie nach der Bearbeitung der Dramen selbst unter neuen Gesichtspunkten diskutieren können.

4.2 Lessing: Emilia Galotti

■ ■ Ehe Sie das eine oder andere konkrete Problem bearbeiten, sollten Sie sich in der Gesamtgruppe über Ihre ersten Eindrücke von Lessings „Emilia Galotti" unterhalten. Sie können dabei
– Ihre Sympathien und Antipathien äußern
– Ihre Vermutungen über Handlungsabsichten und Hintergründe vorbringen
– Dinge, die sie nicht verstanden haben, benennen
– Ihre Vermutungen zum Sinn, zur Gesamtbedeutung des Stückes vortragen.

Sie können sich auch an Fragen orientieren, wie z. B.:
– Was hat besonders beeindruckt?
– Was ist für einen heutigen Menschen nicht mehr oder nur schwer nachvollziehbar?
– Was kann ich verstehen? Was lehne ich ab?
– Welche Figur ist mir sympathisch, welche unsympathisch? Warum?

Hinweis: Gegen Ende des Gesprächs sollten Sie sich mehr und mehr darum bemühen, Ihre vorläufigen Deutungen als Hypothesen auszuformulieren, die weiter untersucht werden müssen, oder Fragen und Problemstellungen zu formulieren.

■ 2 Sie können auch so verfahren:
– Jeder notiert auf einem Zettel sein Gesamturteil zum Stück.
– Auf vier weiteren Zetteln notiert jeder mindestens vier Fragen, Probleme, Themen, die ihm so wichtig erscheinen, dass darüber gesprochen werden sollte.
– Die Zettel werden eingesammelt und sortiert.
– Die Zettel mit den Gesamturteilen werden vorgelesen und verglichen. Sie können nun Vermutungen anstellen über mögliche Urteilsgründe.
– Die anderen Zettel werden – nach Themen geordnet – aufgeklebt und ausgehangen. Die weitere Arbeit könnte sich – zumindest zum Teil – an diesen Problemkreisen orientieren.

Hinweis: Die von Ihnen zusammengetragenen Fragen sind besonders wichtig. Aber einige dieser Fragen lassen sich vermutlich erst genauer bearbeiten, wenn einzelne Gesichtspunkte, die das Stück und seine Strukturen betreffen, schon bekannt sind. Einige Probleme sind für

Titelseite der Erstausgabe von „Emilia Galotti", Berlin 1772

heutige Menschen nur noch schwer nachvollziehbar. Da wird es notwendig, sie in ihrem ursprünglichen Zeithorizont zu sehen. Deshalb schlagen wir hier einige Arbeitsbereiche vor, die Sie entweder mit Ihren Fragekreisen verbinden oder vorab klären sollten. Am Ende aber sollten Sie auf jeden Fall auf Ihre Fragen, Probleme und vor allem auf Ihre Hypothesen zurückkommen.

4.2.1 Strukturen und Zusammenhänge

Konfiguration

- ■1■ Nehmen Sie sich das Personenverzeichnis vor und notieren Sie zu jeder Figur die charakteristischen Merkmale.
- ■2■ Versetzen Sie sich in die Figuren hinein. Versuchen Sie, sich in einem Persönlichkeitsinterview vor Ihrer Gruppe in Ihrer Rolle zu profilieren. Ihre Gruppe stellt dabei Fragen zur Person.
- ■3■ Bilden Sie Figurengruppen.
  Es gibt mehrere Möglichkeiten, die Figuren zusammenzustellen. Sie sollten sich nicht zu früh auf eine Gruppierungsmöglichkeit beschränken.
- ■4■ Beschreiben Sie die Beziehungen zwischen den einzelnen Gruppen und vergleichen Sie die einzelnen Gruppen miteinander.
  Hinweis: Betrachten Sie Ihre hier erzielten Ergebnisse nur als vorläufig. Die weitere Arbeit wird möglicherweise noch andere Erkenntnisse bringen.

In einer Enzyklopädie aus der Zeit Lessings finden sich zur Frage innerfamiliärer Beziehungen folgende Ausführungen:

Familienstrukturen

Der Natur der Sache nach muß aber zuvörderst ein jeder Hausvater hinlängliche Gewalt haben, sein Weib und Kinder zum Fleiß, zur Ordnung, und zur Sparsamkeit, anzuhalten. Dieses sind die drey Haupt-Eigenschaften eines wohl eingerichteten Hauswesens, und
5 ohne dieselben muß der allerfleißigste Hauswirth zu Grunde gehen. Sie sind es zugleich, die mit dem gemeinschaftlichen Besten in der größten Uebereinstimmung stehen. Ordnung und Sparsamkeit erhalten die Familien, und befördern ihren Wohlstand, welcher dem Staate niemahls gleichgültig seyn kann, auf dem Fleiße der Einwohner
10 aber beruhet der wahre Reichthum des Landes. Es fehlt nach unsern Gesetzen vielleicht den Vätern nicht an Gewalt, ihre Kinder zu diesen drey Eigenschaften anzuhalten, und es liegt nur an ihnen, wenn die meisten ihre Kinder so wenig zum Fleiß angewöhnen, wie leider mehrentheils geschieht. Allein, in Ansehung seines Eheweibes fehlt
15 ihm allerdings die hinlängliche Gewalt. Wenn ein Mann seine Frau, wegen ihrer Faulheit, Unordnung und Verschwendung mäßig züchtigt, so ist gewiß unter zehn Richtern kaum Einer, welcher so vernünftig und so wenig sportelsüchtig ist, daß er die Klage nicht annehmen sollte, da doch dieses eine Sache ist, worin sich, ihrer Natur nach, die
20 Obrigkeit niemahls mischen kann, weil über die Faulheit und Unordnung des Weibes keine Zeugen abgehört werden können, ohne die ganze Familie in Uneinigkeit zu setzen, und weil die Verschwendung nicht beurtheilt werden kann, ohne den Zustand des Vermögens der Familie aufzudecken, welches guten Regierungsgrundsätzen so sehr

---

Problemfragen, Methoden, Zugriffe bei der Erarbeitung eines Dramas:

Konfiguration
Wenn Sie eine Figur eines Dramas beschreiben wollen, bedenken Sie: Figuren sind Konstrukte, sie haben eine Funktion im Rahmen des Dramas, d.h. bezogen auf die übrigen Figuren und die Handlung. Sie sollten eine Figur immer im Zusammenhang mit den übrigen Figuren betrachten. Beachten Sie bei der Beschreibung einer
— Figur
  – die individuellen Merkmale der Figur (Alter, Geschlecht ...)
  – die Eigenschaften der Figur; diese sind auf verschiedene Weisen identifizierbar: Benennung durch den Autor (Regieanweisungen; Personeninventar ...), Selbstcharakterisierung der Figur, Fremdcharakterisierung der Figur (Vorsicht: Perspektive beachten!), Ableitung aus bestimmten Verhaltensweisen
  – die Einstellung der Figur zu zentralen Fragen des Stückes
  – die Zielvorstellungen der Figur (Was will sie mit ihrem jeweiligen Verhalten erreichen?) und ihre Motive
  – die Position der Figur innerhalb des gesellschaftlichen Rahmens (Vorsicht: Hier sollten Sie im Rahmen der Figuren des Stückes bleiben!)
— Bilden Sie Personengruppen, indem Sie Personen mit gleichen Interessen oder Eigenschaften oder Absichten usw. zusammenstellen. Beschreiben Sie die Beziehungen der Figuren innerhalb der jeweiligen Gruppen sowie die Beziehungen zwischen den einzelnen Gruppen.
Beschreiben Sie für Ihren konkreten Fall die Konfliktsituation. (Vorsicht: Sie haben es unter Umständen mit mehreren Konfliktebenen zu tun. Halten Sie diese auseinander!)

28 Sävitien: Bestrafungen

25 zuwider ist. Nur in dem Falle also kann sich die Obrigkeit hier einmischen, wenn der Hausvater selbst als ein liederlicher und böser Mann bekannt ist, und derselbe offenbare Grausamkeiten ausgeübt hat. Allein, diese so genannte Sävitien des Mannes müssen nicht nach den blauen Flecken der Frau beurtheilt werden, denn ein jeder Schlag,
30 der gefühlt wird, gibt blaue Flecken. Hiernächst muß der Hausvater vollkommen Gewalt haben, Tugend und gute Sitten in seinem Hause zu pflanzen und zu erhalten. Es liegt dem Staate an der Güte der Sitten überaus viel, weil das Verderben der Sitten das Verderben des Staates selbst ausmacht. Dieses ist die innere Fäulnis, und der Grund des
35 Verderbens, welcher fast alle europäische Staaten angesteckt hat, und die ermangelnde hinlängliche Gewalt des Hausvaters ist die Hauptursache dieses Verderbens. Denn wenn der Hausvater hierin nicht hinlängliche Gewalt hat, so ist es gar nicht möglich die Güte der Sitten aufrecht zu erhalten. Vielleicht mangelt es den Hausvätern hierin
40 nicht an Gewalt über ihre Kinder; es fehlt ihnen aber an hinlänglicher Gewalt über ihre Weiber, und das Beyspiel der verderbten Sitten der Weiber hat nur allzu viel Einfluß auf die Sitten der Töchter. Wenn eine Frau anfängt, auf Ausschweifungen zu verfallen, so hat ein Mann wenig Mittel, sie abzuhalten, außer mit ihr zu prozessieren. Ein Hülfs-
45 Mittel, welches fast immer ärger, als das Uebel selbst ist!

aus: Oeconomische Encyclopädie, oder allgemeines System der Staats-Stadt-Haus- und Landwirtschaft, in alphabetischer Ordnung, von D. Johann Georg Krünitz, 22. Teil, Berlin 1781, S. 417 f. Zitiert nach: Lothar Schwab: Gotthold Ephraim Lessing: „Emilia Galotti". In: Jan Berg, Günther Erken, Uta Ganschow, Friedhelm Roth, Lothar Schwab, Richard Weber: Von Lessing bis Kroetz. Scriptor Verlag, Kronsberg/Ts. 1976, S. 36 f.; Text in originaler Rechtschreibung

■1■ Beschreiben Sie knapp die jeweilige Rolle der einzelnen Familienmitglieder, wie sie der Lexikonartikel vorstellt.
■2■ Beschreiben Sie die Rollen der Figuren im Stück, soweit sie geprägt sind vom Status innerhalb der Familie.

Szenenbild aus „Emilia Galotti" im Schauspielhaus des Staatsschauspiels Dresden am 23. November 1996

Der Welt der Familie steht die Welt des Hofes gegenüber:

■1■ Welche Rollen sind bei Hofe vorgesehen? Stellen Sie die entsprechenden Figuren zusammen und klären Sie deren jeweilige Rolle.
■2■ Klären Sie auch die von der höfischen Umwelt geprägten bzw. abhängigen Verhaltensweisen.
■3■ Wo weicht der Prinz von seiner „höfischen Rolle" ab? Welche Konsequenzen hat das?
■4■ Bestimmen Sie genauer die Rolle der Gräfin Orsina:
a) Was hält sie von der Liebe?

> **Problemfragen, Methoden, Zugriffe bei der Erarbeitung eines Dramas:**
>
> **Das Sprechen der Figuren (Dialog und Monolog)**
> Im Monolog erfahren Sie einiges über die innere Situation der sprechenden Figur. Beschreiben Sie zunächst genau die äußere Situation sowie den Stand der Handlung zum Zeitpunkt des Monologs. Stellen Sie fest, was gesagt wird

Die Bühne: Die „Kanzel" des Dichters Lessing

b) Wie sieht sie ihr Verhältnis zum Prinzen?
c) Welche Handlungsmöglichkeiten sieht sie für sich als Frau?
d) Inwieweit vertritt sie aufklärerische Positionen?
e) Was trägt sie zur eigentlichen Handlung bei?

5 Konzipieren Sie einige Tagebucheintragungen der Gräfin, in denen sie
- sich Gedanken über ihre Situation macht
- ihre Hoffnungen und Befürchtungen bezüglich des Prinzen artikuliert
- ihre Einsichten hinsichtlich der Gegebenheiten bei Hof formuliert.

6 Beschreiben Sie die Beziehungen zwischen der Familie Galotti und dem Hof. Wie schätzt man sich gegenseitig ein?

7 Welche Rolle spielt der Graf Appiani?

8 Was könnte der Titel „bürgerliches Trauerspiel" bedeuten?

Handlungsstrukturen

1 Sie haben schon die Zusammenhänge zwischen einzelnen Figuren/-gruppen beschrieben. Wo gibt es darin Ansätze für Konflikte?

2 Welche Voraussetzungen sind für den Handlungsansatz in „Emilia Galotti" besonders wichtig?

3 Welche Eigenschaften, Handlungs-/Verhaltensmotive der einzelnen Figuren(gruppen) gewinnen (wofür) Bedeutung?

4 Welche Möglichkeiten sehen Sie, den Konflikt zu vermeiden? Was müsste anders sein?

5 Im Stück sind mehrere Handlungsteile ineinander verschlungen. Versuchen Sie eine Klärung, indem Sie die einzelnen Stränge isolieren. Unterscheiden Sie:
- Emilia und die Hochzeitsvorbereitungen
- der Prinz und seine Liebe
- Marinelli und die Intrige
- Odoardo und sein Misstrauen gegenüber dem „Höfischen"

6 Verfassen Sie Texte (Erzählungen, Briefe, Berichte, Zeitungsreportagen, Tagebucheintragungen usw.), in denen die einzelnen Handlungsstränge behandelt werden.

7 Was trägt auf welche Weise zum Konflikt bei?

8 Wo sehen sie den Wendepunkt? Von welcher Stelle aus ist nichts mehr rückgängig zu machen? Wo gibt es keine Alternativen mehr?

- zur Lage des Sprechenden
- zu seinen Empfindungen
- zu Zielen und Vorstellungen
- zu Ideen, die der Figur vorschweben. Welche allgemeinen Einstellungen (Weltsicht usw.) werden deutlich?

Untersuchung einzelner Dialoge:
Was soll hier modellhaft vorgeführt werden? Stellen Sie fest, wer zu wem mit welchen Interessen, Absichten usw. spricht. (Soll informiert, überredet, getäuscht ... werden?) Gibt es Unterschiede zwischen dem, was gesagt, und dem, was beabsichtigt/gemeint wird?
Wo werden gesellschaftliche Konventionen erkennbar? Beachten Sie Sprechhaltung (Regieanweisungen!) und Sprachgebung.
Welche Einstellungen zum jeweiligen Partner werden erkennbar?
Wie weit beziehen sich die Gesprächspartner aufeinander? Gibt es kommentierende Einschübe (Bei-Seite-Sprechen, Selbstgespräche ...)?

Handlungsstrukturen
Beschreiben Sie den Handlungsaufbau des Stückes:
Beschreiben Sie die Ausgangssituation (Exposition): Wer ist beteiligt? Wer hat was vor? Wer steht zu wem in welchen Beziehungen?
Entwerfen Sie eine knappe Inhaltsangabe des gesamten Stückes. Stellen Sie die wesentlichen Handlungsschritte fest. Fragen Sie bei jedem Handlungsschritt: Wer hat ihn veranlasst? In welche Richtung entwickelt sich die Handlung weiter? Wer ist betroffen?
Stellen Sie fest, wo die Peripetie und wo die Katastrophe beginnt.
Beschreiben Sie genau die Auflösung des Knotens.

Thematische Strukturen
Versuchen Sie, Einzelthemen zu benennen und als Fragen oder Thesen zu formulieren. Suchen Sie nach Verbindungen zwischen diesen Teilproblemen. Diese Verbindungen können auf verschiedenen Ebenen existieren:
- auf der Figurenebene
- auf der Ebene der Handlungsmotive
- auf der Ebene der Weltanschauung oder der Wertorientierung
- auf der gesellschaftlichen Ebene

Machen Sie sich die Struktur des Gesamtproblems klar, indem Sie in Form einer Strukturskizze darzustellen versuchen,
- welche Aspekte beteiligt sind
- wie die Teile zusammenhängen
- auf welchen zentralen Punkt hin die einzelnen Teile sich orientieren.

Szenenbild aus „Emilia Galotti" im Schauspielhaus des Staatsschauspiels Dresden am 23. November 1996

4.2.2 Lessings Konzept und die Virginia-Vorlage

Lessing übernahm Teile seines Stoffes von dem römischen Dichter Livius. Besonders der Schluss des Dramas erinnert stark an die römische Vorlage. An einer Stelle wird der von Livius dargestellte Fall direkt angesprochen.

■■ Suchen Sie die entsprechende Stelle auf und erläutern Sie, was dort mit dem Zitat der Geschichte von Livius bezweckt wird.
■▶ Bei Livius steht die Begebenheit eindeutig in einem politischen Zusammenhang. Lessing selbst behauptet, er habe seine Emilia gegenüber der Virginia verändert. Untersuchen Sie den folgenden Brief Lessings und beschreiben Sie, wie Lessing seine „Emilia" verstanden wissen möchte.

aus: Gotthold Ephraim Lessing: Gesammelte Werke in zehn Bänden. Bd. 9, herausgegeben von Paul Rilla, Aufbau-Verlag, Berlin 1957, S. 157

Lessing schreibt in einem Brief an Nicolai von einem „jungen Tragikus" und spricht so von sich in der dritten Person:
Leipzig, den 21. Januar 1758
Sein jetziges Sujet ist eine bürgerliche Virginia, der er den Titel „Emilia Galotti" gegeben. Er hat nämlich die Ge-
5 schichte der römischen Virginia von allem dem abgesondert, was sie für den ganzen Staat interessant machte; er hat geglaubt, dass das Schicksal einer Tochter, die von ihrem Vater umgebracht
10 wird, dem ihre Tugend werter ist als ihr Leben, für sich schon tragisch genug und fähig genug sei, die ganze Seele zu erschüttern, wenn auch gleich kein Umsturz der ganzen Staatsverfassung darauf
15 folgte [...].

Livius: Virginius tötet seine Tochter

Der römische Autor Livius berichtet in seinem Buch über die Geschichte Roms (Libri ab urbe condita) von folgender Begebenheit:
Claudius, einer der Decemvirn, wollte Virginia, ein plebejisches Mädchen, verführen. Der Vater des Mädchens, Lucius Verginius, ein in Krieg und Frie-
5 den vorbildlicher Mann, diente als Zenturio gegen die Aequer. Das Mädchen war verlobt mit dem ehemaligen Tribunen Lucius Icilius, einem tatkräftigen Mann, der sich um die Sache des
10 Volkes verdient gemacht hatte. Appius in seiner Liebestollheit versuchte zunächst, das Mädchen mit Geld und guten Worten zu verführen. Als er jedoch merkte, dass jede Annäherung an ihrer
15 Züchtigkeit scheiterte, entschloss er sich zu einer grausamen und maßlosen Gewalttat. Er befahl seinem Klienten Markus Claudius, das Mädchen als seine Sklavin zu beanspruchen und von
20 seinem Anspruch auch dann nicht abzugehen, wenn man eine Freilassung fordere, bis die Sache gerichtlich entschieden sei. Er glaubte, er könne die Abwesenheit des Vaters des Mädchens
25 nutzen und das Recht ungestraft verletzen. Als das Mädchen nun auf das Forum kam [...], legte Markus Claudius Hand an sie und erklärte, sie sei die Tochter seiner Sklavin und somit seine
30 Sklavin. Er befahl ihr, ihm zu folgen, und drohte, wenn sie zögere, werde er sie mit Gewalt wegbringen. Während das Mädchen vor Angst wie betäubt war, erhob seine Amme ein großes Ge-
35 schrei und rief die Bürger um Hilfe. So entstand ein Auflauf. Der Name ihres Vaters Verginius und der ihres Bräutigams, ebenfalls ein bekannter Name, wurden immer wieder laut gerufen. Die
40 Bekannten ergriffen nun aus Freundschaft für das Mädchen Partei, die große Menge aus Empörung über die Schändlichkeit des Vorfalls. Schon war es vor Gewalt sicher, da erklärte der
45 Kläger, die Erregung des Volkes sei völlig unnötig, er verhalte sich vollkommen legal und handle im Rahmen des gültigen Rechts; er gebrauche keineswegs Gewalt. Er forderte das Mädchen
50 vor Gericht. Da nun selbst diejenigen, die für das Mädchen Partei ergriffen hatten, ihr rieten, dem Vorschlag zu folgen, kam man vor den Richterstuhl des Appius. Der Kläger spielte nun sei-
55 ne Rolle vor dem Richter, welchem ja, als dem eigentlichen Anstifter des An-

---

1 Decemvirn: 451 vor Christus wurden in Rom 10 Männer mit unumschränkter Vollmacht ausgestattet und beauftragt, die anerkannten Gesetze schriftlich zu fixieren (Zwölftafelgesetz). Nach Beendigung ihrer Arbeit behielten sie unter Führung von Appius Claudius ihre Macht bei und herrschten tyrannisch. Die Vertretung der Plebejer, das Volkstribunat, wurde abgeschafft.
6 Zenturio: Militärischer (Offiziers-) Rang; Anführer einer Hundertschaft
8 Tribun: Beamter, der die Interessen des niederen Volkes (der Plebejer) vertrat.
17 Klient: Schutzbefohlener; jemand, der sich unter den Schutz eines Patrons gestellt hat (und damit auch zur Gefolgschaft verpflichtet war)

Die Bühne: Die „Kanzel" des Dichters Lessing

schlags, diese Rolle schon bekannt war: Er erklärte, das Mädchen sei in seinem Hause geboren, dann aber gestohlen
60 und in das Haus des Verginius verbracht und diesem als Tochter untergeschoben worden; er selbst wisse dies durch eine Anzeige und er werde es auch beweisen, selbst wenn Verginius
65 selbst als Richter auftrete, der ja wohl bei diesem Unrecht am meisten in Mitleidenschaft gezogen worden sei. Es sei nun nicht mehr als recht und billig, dass die Sklavin in der Zwischenzeit, bis
70 eine Entscheidung gefällt sei, ihrem eigentlichen Herrn folge. Die Verteidiger des Mädchens erklärten, Verginius, ihr Vater, sei im Staatsdienst abwesend, er werde aber innerhalb von zwei Tagen zur Stelle sein, wenn man ihm eine Nachricht zukommen lasse. Es sei un-
90 billig, einem, der nicht anwesend ist, seine Kinder streitig machen zu wollen. Sie forderten von Appius eine Vertagung des Rechtsstreits bis zur Ankunft des Vaters. Das Mädchen solle er – ent-
95 sprechend dem von ihm selbst erlassenen Gesetz – bis dahin freilassen und es auf keinen Fall gestatten, dass ein erwachsenes Mädchen Gefahr laufe, eher ihren guten Ruf als ihre Freiheit zu
100 verlieren. Ehe Appius entschied, schickte er die Bemerkung voraus, er selbst sei immer für die Freiheit eingetreten. Das beweise gerade das Gesetz, auf das sich die Freunde des Verginius bei ihrer Ver-
105 teidigung berufen hätten. Dieses Gesetz

27 Forum: Forum Romanum, Markt- und Versammlungsplatz, auf dem die öffentlichen Angelegenheiten (Rechtsstreitigkeiten, politische Fragen) erörtert und entschieden wurden

Heinrich Füger: Tod der Virginia (Gemälde, um 1798)

75 allerdings garantiere die Freiheit nur dann, wenn es weder zugunsten einer Sache noch einer Person zurecht interpretiert werde. Allerdings gelte es nur für diejenigen, die als Freie anzusehen
80 seien, weil hier jeder nach dem Gesetz eine Klage führen könne. Bei einer Person allerdings, die noch unter väterlicher Gewalt stehe, gebe es außer dem Vater keinen anderen, dem der Ei-
85 gentümer, wenn es um die Besitzergreifung gehe, nachstehen müsse. Er befinde es also für recht und billig, dass der Vater herbeigeholt werde. Inzwischen aber solle der Kläger nicht auf sein Recht verzichten müssen. Er solle das Mädchen mitnehmen, müsse aber versprechen,
110 chen, dass sie beim Erscheinen des angeblichen Vaters vor Gericht erscheinen werde. Gegen die Ungerechtigkeit dieses Bescheides murrten zwar einige, aber kein Einziger hatte den Mut, Einspruch
115 zu erheben. Da traten Publius Numitorius, der Großoheim, sowie ihr Verlobter Icilius auf. Man machte in dem Gewühl Platz. Die Menge glaubte, dass gerade

durch das Auftreten des Icilius sich Gelegenheit ergebe, dem Appius Widerstand zu leisten. In diesem Augenblick erklärte der Lictor, das Urteil sei gesprochen. Dabei versuchte er, den lärmenden Icilius zu entfernen. Eine so schreiende Ungerechtigkeit hätte wohl auch eine friedlichere Natur in Rage gebracht. „Du musst mich schon mit dem Schwert von hier wegjagen lassen, Appius!", brüllte Icilius, „wenn du mit dem, was du hier verschleiern willst, ohne Widerspruch davonkommen willst. Dieses Mädchen werde ich heiraten. Und ich will eine unbescholtene Braut haben! Du kannst ruhig alle Lictoren zusammenrufen, auch die deiner Amtsgenossen. Lass sie ruhig auch ihre Ruten und Beile zur Hand nehmen. Die Verlobte des Icilius wird auf keinen Fall außerhalb des väterlichen Hauses übernachten [...] Verginius kann, sobald er kommt, zusehen, was wegen seiner Tochter zu unternehmen sein wird [...] Ich beanspruche für meine Braut die Freiheit und ich werde eher sterben als mein Wort brechen!" Die Menge geriet in Aufruhr und ein Kampf schien unvermeidlich. Die Lictoren hatten Icilius umstellt. Allerdings gab es außer Drohungen nichts weiter. Appius erklärte, dem Icilius gehe es gar nicht um die Verteidigung des Mädchens, sondern er sei eher ein unruhiger Typ, der noch ganz aus dem Geiste des Tribunats eine Gelegenheit zum Aufruhr suche. [...] Er werde Markus Claudius bitten, von seinem Recht abzusehen und das Mädchen bis zum folgenden Tag in den Händen der Verteidiger zu belassen. Wenn aber der Vater am folgenden Tag nicht erscheine, dann werde – und das kündige er Icilius und seinesgleichen an – er weder sein Gesetz vernachlässigen, noch werde es dem Decemvirn an Festigkeit fehlen.

Man beschloss nun, Verginius so schnell wie möglich aus dem Feldlager herbei holen zu lassen. Dazu wählte man zwei schnelle junge Männer aus, nämlich den Bruder des Icilius und den Sohn des Numitorius. Sie sollten Verginius sagen, die Rettung des Mädchens hänge davon ab, dass er am folgenden Tag zur rechten Zeit erscheine und sie schütze vor der Rechtsbeugung. Die beiden sprengten wie geheißen im Galopp davon und überbrachten dem Vater die Nachricht [...]

Das Mädchen wurde den Verwandten, welche Bürgschaft leisten mussten, übergeben. Appius wartete noch einige Zeit, um nicht den Anschein zu erwecken, er habe nur wegen dieser einen Sache eine Gerichtssitzung abgehalten. Als niemand mehr vortrat, [...] begab er sich nach Hause und schrieb seinen Amtskollegen im Heerlager, sie sollten Verginius auf keinen Fall beurlauben, sondern ihn verhaften. Dieser schurkische Anschlag kam verdientermaßen zu spät. Verginius hatte Urlaub erhalten und war schon während der ersten Nachtwache abgereist [...].

In der Stadt stand schon bei Tagesanbruch die Bürgerschaft gespannt auf dem Forum, als Verginius, schmutzig gekleidet, seine Tochter, welche ebenfalls abgetragene Kleider trug, in Begleitung mehrerer Frauen und vieler Freunde auf das Forum brachte. Er begann nun herumzugehen und den Leuten die Hand zu drücken. Dabei bat er nicht nur um ihre Hilfe als Gefälligkeit, sondern er forderte solche Hilfeleistungen geradezu als Schuld. Er selbst stehe schließlich täglich für ihre Kinder und Frauen im Feld und es gebe wohl keinen anderen Mann, von dem man mehr entschlossene und von Tapferkeit zeugende Heldentaten berichten könne. Was nütze es letztlich, wenn die Stadt selbst zwar sicher und unversehrt bleibe, die Kinder aber erdulden müssten, was ihnen nur im Falle einer Eroberung als das schlimmste Los drohe. So sprach er, schon fast wie ein Volksredner, während er bei den Leuten herumging. Icilius brachte ähnliche Äußerungen unter das Volk. Das weibliche Gefolge wiederum wirkte mehr durch stille Tränen als durch laute Worte. Appius ließ all das ungerührt und er bestieg den Richterstuhl. [...] Unglaublicherweise begann der Kläger damit, dass er sich beschwerte, man habe ihm am Tage zuvor sein Recht vorenthalten, da man einseitig Partei ergriffen habe. Bevor er nun seine Forderung zu Ende vortragen konnte oder Verginius Gelegenheit zur Erwiderung erhalten hatte, unterbrach Appius [...] Er entschied,

---

122 Lictoren: (Polizei-) Beamte, die für Ruhe und Ordnung zu sorgen hatten, aber ursprünglich als Bodyguards für die Träger der höchsten Staatsämter vorgesehen waren. Sie trugen Ruten und Beile als Abzeichen ihres Amtes.

der Kläger dürfe das Mädchen als Sklavin in Anspruch nehmen. Zunächst waren alle starr vor Entsetzen über das unglaubliche Vorgehen. Das Schweigen hielt eine Zeit lang an. Dann, als Markus Claudius durch den Kreis der Frauen hinging, um das Mädchen zu ergreifen, schlug ihm ein jämmerliches Wehklagen der Weiber entgegen. Da streckte Verginius die Hände gegen Appius vor und rief: „Icilius, nicht dir, Appius, habe ich meine Tochter verlobt. Ich habe sie für die Ehe, und nicht für die Schändung erzogen [...]". Markus Claudius wurde durch die Masse der Frauen zurückgedrängt und der Herold gebot Ruhe. Außer sich vor Begier erklärte der Decemvir, er habe nicht nur aus dem Schimpfen des Icilius am Vortag und aus dem heftigen Ausbruch des Verginius gerade eben, wofür er das römische Volk zum Zeugen aufrufe, sondern auch aus verlässlichen Aussagen erfahren, es hätten in der ganzen Nacht Versammlungen stattgefunden, die einen Aufstand anzetteln wollten. Da er einen solchen Kampf befürchtet habe, habe er Bewaffnete mitgebracht, keineswegs um irgendeinem Bürger Gewalt anzutun, sondern um die Störer der öffentlichen Ordnung kraft seines Amtes in Zaum zu halten. „Also empfehle ich euch dringend", fuhr er fort, „ruhig zu sein. Lictor, mache dich auf und dränge die Masse zurück. Mache Platz, damit der Eigentümer seine Sklavin mitnehmen kann!" Als er dieses mit lauter Stimme voller Zorn gerufen hatte, zerteilte sich die Menge von selbst und das Mädchen stand verlassen da, eine leichte Beute für die Übeltäter. Als nun Verginius nirgends mehr die Möglichkeit einer Hilfe sah, sprach er: „Appius, halte es dem väterlichen Schmerz zugute, wenn ich dich irgendwie zu hart angepöbelt habe. Erlaube mir aber, dass ich hier in Gegenwart des Mädchens die Amme zu der Sache befrage, damit ich in Ruhe von hier weggehen kann, wenn ich bisher fälschlich als Vater gegolten habe." Als ihm die Erlaubnis erteilt war, führte er Tochter und Amme zur Seite [...] entriss einem Fleischer ein Messer und rief: „Dies ist die einzig mögliche Art, meine Tochter, dir die Freiheit zu erhalten!" Dabei durchbohrte er dem Mädchen die Brust, blickte zum Richterstuhl hinüber und rief: „Dich, Appius, und deinen Kopf weihe ich mit diesem Blut dem Untergang!" Aufgeschreckt durch das Geschrei, das sich über die grässliche Tat erhob, befahl Appius, den Verginius festzunehmen. Dieser aber bahnte sich mit dem Messer einen Weg und gelangte, auch von der Menge geschützt, zum Tor [...]

aus: Livius: Ab urbe condita III, 44–48. Übertragen von Friedel Schardt

■■ Arbeiten Sie die entscheidenden Unterschiede zwischen Livius und Lessing heraus.
  a) Welche Umstände bestimmen die Situation?
  b) Von wem geht die Handlungsinitiative aus?
  c) Wie wird die Tötung jeweils begründet?
  d) Welche Folgen ergeben sich jeweils aus der Ermordung?
■2■ Wie begründet Emilia ihre Forderung an den Vater?
■3■ Wie sieht der Vater seine Tat?
■4■ Diskutieren Sie: Hatte Odoardo eine Alternative? Bedenken Sie dabei:
  – Odoardos Tugend-Auffassung
  – Odoardos gesellschaftliche Stellung
  – die Situation, wie sie sich Odoardo darstellt

4.2.3 Leitideen: Gleichheit und Tugendadel

Jochen Schulte-Sasse: Der Rekurs aufs Gefühl als Radikalisierung des Gleichheitsgrundsatzes: Lessing

Lessings Radikalisierung des Gleichheitsgrundsatzes ist mit aller wünschenswerten Deutlichkeit in einer Dramenrezension ausgesprochen, die er 1751 in der „Berlinischen privilegirten Zeitung" veröffentlichte: „Die Natur weis nichts von dem verhaßten Unterscheide, den die Menschen unter sich fest gesetzt haben.

Sie theilet die Eigenschaften des Herzens aus, ohne den Edeln und den Reichen vorzuziehen, und es scheinet sogar, als ob die natürlichen Empfindungen bey gemeinen Leuten stärker, als bey andern, wären. Gütige Natur, wie beneidenswert schadlos hältst du sie wegen der nichtigen Scheingüter, womit du die Kinder des Glücks abspeisest! Ein fühlbar Herz wie unschätzbar ist es! [...]" Von Freiheit und Gleichheit der Menschen redete die gesamte Aufklärung; insofern ist zwischen dieser Rezension Lessings und einigen Sätzen aus der Hamburger Wochenschrift „Der Patriot" von 1724 kein Unterschied festzustellen. „Wir Menschen haben insgesamt einerley Ursprung. Warum wollen wir uns einer vor dem andern erheben? Ein GOTT hat uns samtlich geschaffen, und wir sind alle Mitbürger untereinander. Daher lasset uns doch als Kinder eines Vaters und der Natur nach als Geschöpfe von gleichem Stande, uns betragenn [54]."

[54] „Der Patriot" Nr. 48 vom 30.11.1724

Jochen Schulte-Sasse: Sittlicher und ständischer Adel: ein Moralisierungsprogramm als politische Strategie

1752 schreibt Johann Michael von Loen in seiner programmatischen Schrift „Der Adel", die 1759 (unter abgewandeltem Titel) bereits in dritter Auflage erscheinen konnte: „Wie nun die Tugend das eintzige Mittel ist das Unheil der Menschen zu verbessern, so verdienet sie auch die gröste Ehre. Sie allein ist hochgeboren, dann sie stammet vom Himmel. Sie ist ein Strahl des göttlichen Lichts, und ein Abglantz seines Wesens, sie adelt die Seelen und macht die Menschen zu einem göttlichen Geschlecht. Diesen Adel haben alle fromme und weise Leute"[21]. An diesen Gedanken ist zweierlei erstaunlich: Erstens, dass hier mit aller wünschenswerten Deutlichkeit die bis dahin sozialständisch eingeengte Bedeutung des Begriffes „Adel" ausgeweitet und damit als Standesbezeichnung ausgehöhlt wird. Und zweitens, dass diese Ausweitung nicht durch einen bürgerlichen Autor geschieht, sondern durch ein Mitglied einer traditionsreichen Adelsfamilie. Loen geht in seiner Schrift aber noch weiter, als es die zitierte Einleitung vermuten lässt: „die Natur weis von keinem andern Adel, als von demjenigen, der von der Vortrefflichkeit der Tugend herrührt"[22]. Das bedeutet erstens, dass jeder Bürger, gleich welchen Standes, durch Tugend geadelt wird, und zweitens, dass der Adel seine Vorrechte durch Laster verliert bzw. verlieren sollte. Wenig später heißt es denn auch: „Schande hebt den Adel auf"[23]. „Der Adel kan also nicht ohne Tugend bestehen, und durch Laster wird er gar verloren, dergestalt, dass er, an statt seiner Vortreflichkeit, seine Natur verändert, und aus einem edlen Menschen einen Unmenschen macht"[24]. Die angestrebte psychologische Emanzipation unterprivilegierter Schichten, die in diesen Sätzen propagiert und deren Programm von der literarischen Intelligenz der Zeit geteilt wird, strebt keine Gewaltenteilung und -kontrolle an, sondern qualitative Veränderung der Herrschaft durch moralischen Anspruch und Publizität dieses Anspruches. Dieses Programm literarischer Intelligenz läuft darauf hinaus, bestehende Herrschaft durch Moralisierung zu unterlaufen und die bis dahin vorherrschende Teilung in privates und öffentlich-rechtliches Tun zu überwinden.

[21] Johann Michael von Loen: Der Adel, Ulm 1752, S. 3
[22] Loen, a.a.O., S. 325
[23] Loen, a.a.O., S. 382
[24] Loen, a.a.O., S. 381

aus: Jochen Schulte-Sasse: Literarische Struktur und historisch-sozialer Kontext. Zum Beispiel „Emilia Galotti". Ferdinand Schöningh Verlag, Paderborn 1975, S. 23 f., 35 f.

■1 Was bedeutet Gleichheit für den Aufklärer Lessing? Welche Bereiche sind betroffen?
■2 Was will Loen mit einer Moralisierung der Gesellschaft erreichen?
■3 Was bedeutet das Programm für den Adel? Was für den Bürger?
■4 Inwiefern könnte ein solches Moralisierungsprogramm auch das öffentliche Leben (die Politik) verändern?
■5 Welche Bedeutung hat es, wenn Lessing sich im Stück ausdrücklich auf das römische Vorbild beruft?

Die Bühne: Die „Kanzel" des Dichters Lessing

6 Ist der Virginia-Stoff nun von Lessing entpolitisiert worden oder nicht?
7 Wie bewerten Sie nun Odoardos Haltung? Wie sehen Sie Emilias Haltung?
8 Inszenieren Sie eine Gerichtsverhandlung zum „Fall Odoardo Galotti".

4.2.4 Reaktionen von Zeitgenossen

Carl Lessing berichtet seinem Bruder:
12.3.1772
[...] Aber höre einmal, was mir mit Herrn Moses darüber begegnet ist. Ich fragte ihn, wie ihm Deine Tragödie ge-
5 fallen habe. „Im Ganzen vortrefflich", sagte er; „wir haben noch nichts so Vortreffliches; und vielleicht können Franzosen und Engländer nichts aufweisen, wo jedes Wort so bedächtig, so ökono-
10 misch angebracht ist; selbst die Ausführung des Charakters findet man selten so. Welch ein allerliebstes Mädchen ist nicht die Emilia!" – „Die Emilia?" unterbrach ich ihn, und Du kannst Dir
15 leicht vorstellen, mit was für Augen. – Er fuhr fort: „Bey den Worten: Perlen bedeuten Thränen, habe ich vor Thränen selbst nicht fortlesen können. Das ganze Stück hat mich so angegriffen, dass ich
20 die Nacht nicht werde davor schlafen können." Wir disputirten eine Weile über die Emilia, und endlich fragte ich ihn, ob er denn gar nichts gefunden, das er besser oder anders wünschte? Und
25 was dächtest Du wohl, was es war? Der Prinz; der scheint ihm im Anfange thätiger und tugendhaft, und am Ende ein unthätiger Wollüstling. Und hiermit bin ich nicht zufrieden. Nicht darum, weil er
30 mich widerlegt hatte, sondern weil ich Gründe habe, dass der Prinz so seyn muß. Er nimmt sich der Regierung an, er ist ein Liebhaber von Wissenschaften und Künsten, und wo seine Leidenschaf-
35 ten nicht ins Spiel kommen, da ist er auch gerecht und billig; er ist überdies fein und hat allen Schein eines würdigen Fürsten; aber das sind noch nicht die rechten Beweise, dass er es wirklich ist.
40 Folglich hast Du uns an seiner moralischen Güte noch immer zweifelhaft gelassen; und nur gezeigt, wie heut zu Tage Prinzen von guter Erziehung, welche die Natur nicht ganz unbegabt gelas-
45 sen, seyn können. Seine Tugend soll in seiner ungerechten Liebe gegen Emilia mit dem Marinelli geprüft werden, und da hält sie nicht die Probe. Daraus entsteht dann die schreckliche Handlung
50 des alten Galotti, welcher sonst unmenschlich an seiner Tochter handelte, wenn sie von ihren Verführungen anders gerettet werden könnte, und er es nicht thäte. Kurz, gegen die Ökonomie
55 des Stücks und gegen die Ausführung der Charaktere, dächte ich, könnte nicht so leicht etwas eingewendet werden.

aus: Karl Lachmann (Hrsg.): G. E. Lessings sämtliche Schriften. Bd. 20, Göschen Verlag, Stuttgart, Leipzig, Berlin 1886, S. 146; Text in originaler Rechtschreibung

Johann Wolfgang von Goethe schreibt an Herder:
Im Juli 1772
[...] Es ist alles nur gedacht. Das ärgert mich genug. Emilia Galotti ist auch nur gedacht, und nicht einmal Zufall oder
5 Caprice spinnen irgend drein. Mit halbweg Menschenverstand kann man das Warum von jeder Scene, von jedem Wort, mögt' ich sagen, auffinden. Drum bin ich dem Stück nicht gut, so ein Meis-
10 terstück es sonst ist [...].

aus: Johann Wolfgang von Goethe. Gedenkausgabe der Werke, Briefe und Gespräche. Bd. 18, Artemis Verlag, Zürich 1949, S. 17; Text in originaler Rechtschreibung

1 Fassen Sie für jeden Text den Kern der Beurteilung zusammen.
2 Welche dieser Reaktionen erscheinen Ihnen gerechtfertigt?
3 Sie haben hier einige Interpretationsaussagen gefunden. Vergleichen Sie diese mit Ihren eigenen Ergebnissen.
4 Wählen Sie einige Szenen aus, die Ihnen besonders typisch für das Stück und den Aufklärer Lessing erscheinen. Arbeiten Sie eine angemessene Inszenierung aus.
Hinweis: Da Ihre potenziellen Zuschauer möglicherweise nicht das ganze Stück kennen, sollten Sie Zwischentexte verfassen, die den Gesamtzusammenhang erkennen lassen. „Angemessen" bedeutet nicht historisierend. Sie können auch versuchen, durch zeitgemäße Kostümierung und Gestaltung der Schauplätze Aktualisierungsmöglichkeiten anzudeuten.

4.3 Lessing: Nathan der Weise

4.3.1 Die theologische Vorgeschichte: Der „Fragmentenstreit"

Im ersten Teil dieses Heftes haben Sie sich mit den wichtigsten Paradigmen der Aufklärung beschäftigt und sie mit Paradigmen der vorausgehenden Zeit verglichen. Eines der wichtigsten Paradigmen vorausgehender Epochen war der Glaube an die göttliche Offenbarung als die letzte und gültige Quelle jeder Erkenntnis. Mit Descartes und dessen Betonung der Vernunft wurde dieses Paradigma mehr und mehr erschüttert. Einige der Aufklärer setzten sich besonders intensiv mit Fragen der Offenbarung auseinander und beschäftigten sich mit den Schriften, in denen sich die göttliche Offenbarung angeblich niedergeschlagen hatte: mit dem Neuen und dem Alten Testament. Einer dieser Aufklärer war der Hamburger Professor am Akademischen Gymnasium Herrmann Samuel Reimarus. Er selbst veröffentlichte seine Erkenntnisse nicht, überließ aber einen Teil seiner Schriften Lessing. Der wiederum versah nach Reimarus' Tod einzelne Teile dieser Schriften mit eigenen Einleitungen und Kommentaren und gab sie als „Fragmente eines Ungenannten" heraus. Da die in diesen Fragmenten niedergelegten Überlegungen sich kritisch mit Fragen der göttlichen Offenbarung auseinandersetzten – so behauptet etwa das vierte Fragment, „dass die Bücher des Alten Testaments nicht geschrieben wurden, eine Religion zu offenbaren" – fühlten sich die Theologen angegriffen. Sie veröffentlichten Streitschriften und Angriffe auf Lessing, der sich wiederum zur Wehr setzte. Seine Gegenwehr konzentrierte sich auf einen seiner Gegner, den Hauptpastor Johannes Melchior Goeze von St. Katharinen zu Hamburg. In einer Reihe von elf Briefen (sie werden „Anti-Goeze" genannt) ging Lessing zum Gegenangriff über. Seine Argumente waren so stark, dass seine Gegner ihm nicht mehr argumentativ antworteten, sondern den Herzog dazu brachten, Lessing ein Schreibverbot – allerdings nur für theologische Abhandlungen – zu erteilen. Lessing freilich wusste sich zu helfen. Er hatte schon 1750 erklärt: „Selbst die Streitigkeiten verschiedener Religionen können auf das Nachdrücklichste auf der Schaubühne vorgestellt werden". („Beiträge zur Historie und Aufnahme des Theaters") An Elise Reimarus schreibt er, nachdem man ihm das Schreibverbot auferlegt hat, er wolle nun erproben, ob man ihn „auf seiner alten Kanzel, dem Theater, wenigstens noch ungestört wolle predigen lassen".

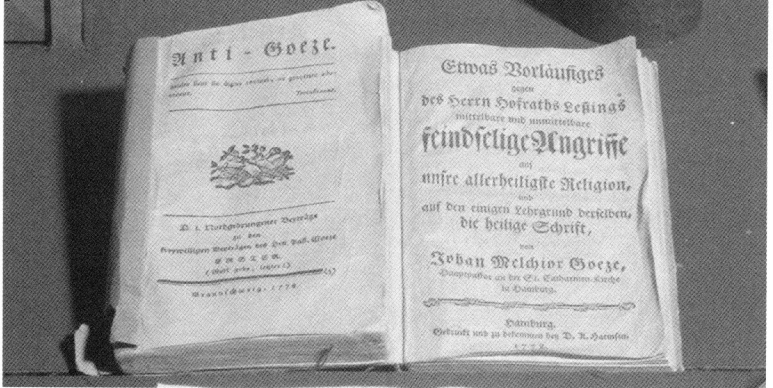

Titelblätter zu Lessings „Anti-Goeze" und der Gegenschrift des Hamburger Pastors Johann Melchior Goeze

■■ Welches Interesse hatte Lessing daran, sich mit theologischen Fragen zu beschäftigen?
■■ Welche theologische Botschaft wird Lessing im „Nathan" vermutlich verkünden? Was könnte der moralische Kern der „Predigt" Lessings sein?

4.3.2 Handlung und Figuren

Konfiguration

■■ Entwerfen Sie ein Bild der die Handlung konstituierenden Figuren.
  a) Notieren Sie zu jeder Figur deren wesentliche Merkmale.
  b) Beschreiben Sie die persönliche Lebensgeschichte der Figuren, soweit diese aus dem Drama erschließbar ist.
  c) Untersuchen Sie, wie weit diese Lebensgeschichte als Erfahrung das jeweilige Handeln bestimmt.

Die Bühne: Die „Kanzel" des Dichters Lessing

d) Stellen Sie die Handlungsmotive jeder Figur zusammen.
e) Versuchen Sie, das jeweilige Welt- und Menschenbild der Figuren zu erkunden.

2 Beschreiben sie für jede Figur genau:
 a) Wie steht sie zu ihrer Religion?
 b) Was sagt sie zu den Forderungen ihrer Religion? Sieht sie da Interpretationsspielräume?
 c) Wie schätzt sie andere Religionen ein?

3 Stellen Sie für jede Figur fest:
 a) Wie weit lässt sie sich in ihrem Handeln von der Vernunft leiten?
 b) Wie schätzt sie die Vernunft ein?
 c) Wie sieht sie das Verhältnis Vernunft – Glaube?

4 Untersuchen Sie das Verhältnis der Figuren zueinander. Stellen Sie gegenüber:
 a) Daja – Recha
 b) Saladin – Nathan
 c) Daja – Nathan
 d) Recha – Nathan
 e) Patriarch – Nathan
 f) Patriarch – Saladin
 g) Patriarch – Daja
 h) Patriarch – Tempelherr
 i) Tempelherr – Nathan
 k) Tempelherr – Recha
 l) Saladin – Tempelherr
 Versuchen Sie zu ergründen, wie es zu dem jeweiligen Verhältnis kommt, welche Ursachen, Beweggründe usw. dahinter stehen.

5 Welche Funktion haben Al Hafi und der Klosterbruder in diesem Beziehungsgeflecht?

6 Untersuchen Sie genauer:
 a) Wie begründet der Patriarch den Anspruch der christlichen Orthodoxie?
 b) Welches Ziel verfolgt er?
 c) Welche Forderungen leitet er ab?

7 Welche politischen Ziele verfolgt Saladin? Wie steht er zu Fragen des Glaubens und der Vernunft?

8 Wie begründet Nathan seine Haltung zu Fragen des Glaubens und der Vernunft?
Hinweis: Klammern Sie in diesem Zusammenhang vorläufig die Ringparabel aus.

9 Stellen Sie nun in einer Übersichtsskizze die wesentlichen Konfigurationsstrukturen dar.

10 Entwerfen Sie einen Moralkodex, wie er sich aus dem Verhalten und der Einstellung Nathans ableiten lässt.

11 Markieren Sie diejenigen Stellen, denen gegenüber der Patriarch wesentliche Einwände vorbrächte. Überlegen Sie, wie in diesen Konfliktfällen der Tempelherr reagieren würde. Wie würden Sie selbst entscheiden?

12 Wie lässt sich der Anspruch, der im „Nathan" Gestalt gewonnen hat, begründen? Woher nimmt Lessing die Rechtfertigung seiner grundlegenden Toleranz-Forderung?

Handlungsstrukturen

1 Beschreiben Sie die Exposition der Handlung:
 a) Welche Beteiligten stehen am Anfang der Handlung? Welche Motive bestimmen das Handeln?
 b) Welche Konfliktanlässe sind denkbar? Welche Gegensätze werden erkennbar?

2 Beschreiben Sie die Konfliktmöglichkeiten, die der Text andeutet. Welche Figuren wären jeweils beteiligt?

3 Inwieweit vermeidet Lessing die jeweiligen Konflikte?

4 Wo könnte sich ein Konflikt ins Tragische wenden?

5 Welche Momente in der Handlungsentwicklung verhindern Tragik?

6 Inwiefern tragen bestimmte Haltungen und Grundeinstellungen der handelnden Figuren dazu bei, die Wendung ins Tragische zu vermeiden?

7 Wählen Sie eine der in Frage kommenden Situationen aus und versetzen Sie sich in die beteiligten Figuren:
   a) Spielen Sie die Situation so durch, wie sie der Dichter vorgibt.
   b) Agieren Sie ein zweites Mal mit veränderter Einstellung so, dass der Konflikt zu einer tragischen Lösung führt.
   c) Überprüfen Sie für beide Fälle:
      – Wer fühlt sich warum im Recht?
      – Wie äußert sich das? Wie könnte es überprüft werden?
      – Zu welchen Konsequenzen führt das?

8 Entwerfen Sie eine Gesamtübersicht, aus der hervorgeht:
   a) Welches Konfliktpotential war vorhanden?
   b) Welche Konfliktmöglichkeiten wurden wie entschärft?
   c) Welche Faktoren sind konstitutiv für die gefundene Lösung?

9 Welche Figuren haben sich am Ende wie gewandelt?

10 Lessing plante, so vermuten einige, ein Anschlussstück, das sich mehr mit Al Hafi beschäftigen sollte. Angenommen, Al Hafi und der Klosterbruder treffen sich am Ende des Stückes noch einmal: Welche Gedanken könnten sie austauschen? Entwerfen Sie einen Dialog zwischen Al Hafi und dem Klosterbruder.

Ernst Deutsch als „Nathan der Weise" am 5. Juli 1954 im Rahmen der Ruhrfestspiele in Recklinghausen

Thomas Koebner: Die Lösung als „Verständigung"*

Die unblutige Lösung im Nathan nimmt sich wie ein Wunder aus in Anbetracht der Konflikte, die am Horizont der Handlung sichtbar werden. Lessing benutzt und verändert einen klassischen Lustspielschluss: die Wiedererkennung und Zusammenführung einer Familie, um eine eher wünsch- als vorstellbare Problembewältigung zum guten Ende zu führen. Die Szenen des Werks, einzeln und für sich betrachtet, weisen in der Mehrheit die Tendenz auf, die zum Teil grellen Gegensätze zwischen den Gruppen nicht zu verschärfen, sondern die Figuren einander anzunähern. Einige Personen machen Wandlungen durch: Nathan sieht sich gezwungen, seine Vaterrolle und sein Verhältnis zur Ziehtochter neu zu bestimmen; Recha emanzipiert sich; der Tempelherr durchlebt eine Identitätskrise und findet ein neues Vorbild. Diese Wandlungen präzisieren jeweils die Beziehungen der betreffenden Personen zu anderen Menschen. Beim Tempelherrn zeigt sich, dass schier für unüberwindlich gehaltene Denk- und Urteilsmuster abgelegt werden können, auch wenn dies nicht mit einem Mal vonstatten gehen kann. Die Handlung des Dramas besteht in einer langsamen Verknüpfung von Personen, die zumeist vorher nichts miteinander zu tun gehabt haben oder einander sogar feindlich gesinnt gewesen sind. Einige Vorurteile können vor unseren Augen abgebaut werden. Die gesellschaftliche Struktur, in der diese Vorurteile ihren Platz finden und historische Schubkraft gewinnen, bleibt dagegen unverändert, ebenso der Trieb der Macht, der auf die Verdrängung der Nebenmenschen zielt. Der Weltzustand erscheint nicht als heilbar, doch einige Korrekturen an den sonst so starren Fronten können vorgenommen werden da, wo die Lebenserfahrung und das Verständnis für die Situation des anderen solches Handeln ermöglichen. „Ich muss euch doch zusammen/Verständigen." (IV, 4) Dieser Satz stammt von Saladin. Verständigung im dreifachen Sinne von (a) sich begreiflich machen, (b) um Verständnis besorgt sein und werben, (c) Einverständnis herstellen, kennzeichnet die Tendenz der meisten Dialoge, sodass mit Recht Nathan ein „Drama der Verständigung" genannt worden ist (Jürgen Schröder) […].

aus: Thomas Koebner: Nathan der Weise (1779). Ein polemisches Stück? In: Interpretationen. Lessings Dramen, Reclam Verlag, Stuttgart 1987, S. 201–203

■1 Wie gelingt es nach Koebner, die Gegensätze zwischen den Gruppen zu vermeiden oder doch zu vermindern?
■2 Was am „Weltzustand" ist veränderbar?
■3 Inwiefern kann man „Nathan" ein „Drama der Verständigung" nennen?

4.3.3 Die Ringparabel

■1 Die Ringparabel gilt als Kernstück des Dramas.
  a) Lesen Sie sie nochmals sorgfältig und formulieren Sie eine Inhaltsangabe.
  b) Beschreiben Sie genau die (Kommunikations-)Situation, in der Lessing Nathan die Parabel erzählen lässt.
■2 Erläutern Sie die Funktion einer Parabel.
■3 Lessing lehnt sich stofflich an eine Erzählung von Boccaccio an. Vergleichen Sie das Original mit Lessings Bearbeitung:
  a) Welche Änderungen nimmt Lessing vor?
  b) Was bewirkt Lessing mit diesen Änderungen?

Parabel, die: (gr. Vergleichung, Gleichnis) gleichnishafte Rede als lehrhafte Erzählung, die bildhaft einen allgemein interessierenden Einzelfall darstellt und dem distanzierten erhellenden Überzeugen dient; wendet sich im Gegensatz zur Allegorie nicht an Eingeweihte, Wissende, sondern an Aufzuklärende, „Nicht-Wissende", um sie im Besonderen das Allgemeine, im scheinbar Fremden das Eigene erkennen zu lassen und zu werben für eine sittliche Ordnung oder Weltanschauung, deren Fürsprecher der Erzähler ist; argumentierendes Werbemittel ist die parabolische Rede, die Grundbereich und Vergleichsbereich, Bildhälfte und (meist fehlende) Sachhälfte einander gegenübergestellt und zuweilen durch die Vergleichspartikel „so wie" verbindet […].
(aus: Otto F. Best: a.a.O., S. 190 f.)

Giovanni Boccaccio: Die Erzählung von den drei Ringen

Melchisedech wendet mit einer Erzählung von drei Ringen eine große von Saladin ihm zugedachte Gefahr ab.

Ihr alle werdet wissen, dass Torheit uns
5 oft vom höchsten Glück ins größte Elend stürzt. Verstand hingegen den Klugen aus den größten Gefahren reißt und in die vollkommenste und zufriedenste Sicherheit versetzt. Die Wahrheit
10 des erstern sehn wir in vielen Beispielen. Saladin hatte sich durch seine vorzügliche Tapferkeit von einem geringen Manne bis zum Sultan von Babylon emporgeschwungen und manchen Sieg
15 über sarazenische und christliche Könige erfochten. Aber seine vielen Kriege und große Pracht hatten auch seinen ganzen Schatz erschöpft; und als ein plötzlicher Zufall eine ansehnliche Sum-
20 me Geldes erforderte, wusste er nicht, wo er so geschwind es hernehmen sollte. Endlich besann er sich auf einen reichen Juden namens Melchisedech, der in Alexandrien Geld auf Zinsen lieh. Die-
25 ser, glaubte er, könnte ihm aushelfen, wenn er nur wollte; aber er war so geizig, dass er es gutwillig nie würde getan haben, und Gewalt wollte er nicht brauchen. In der Not sann er auf ein Mittel,
30 wie ihm der Jude dienen müsste, und entschloss sich, endlich zwar Gewalt anzuwenden, sie aber doch mit einigem Schein zu bemänteln. Er ließ ihn rufen, empfing ihn sehr freundschaftlich und
35 befahl, sich neben ihm niederzulassen. „Braver Mann", sprach er, „ich habe dich von vielen Leuten für weise und erfahren in göttlichen Dingen rühmen hören. Ich wünschte von dir zu wissen,
40 welche von den drei Religionen du für die wahre hältst, die jüdische, die sarazenische oder die christliche." Der Jude, welcher wirklich ein gescheiter Mann war, merkte wohl, dass Saladin die Ab-
45 sicht hatte, seine Worte zu benutzen, um ihm einen verdrießlichen Handel auf den Hals zu ziehn. Er glaubte also, wenn er sein Spiel nicht gleich verloren geben wolle, keine von diesen drei Reli-
50 gionen mehr loben zu dürfen als die andere, und bekümmert um eine unverfängliche Antwort, besann er sich endlich auf folgende Ausflucht: „Mein Beherrscher", erwiderte er, „die Frage,
55 die ihr mir vorlegt, ist schön. Um mein Urteil darüber zu fällen, muss ich folgende Geschichte erzählen. Ich besinne mich, sofern ich nicht irre, gehört zu haben, dass ehedem ein großer und rei-
60 cher Mann unter andern raren Edelsteinen in seinem Schatz auch einen vorzüglich schönen und kostbaren Ring besessen hat. Er schätzte ihn seines Werts und seiner Schönheit wegen so
65 sehr, dass er wünschte, er möge beständig in seiner Familie bleiben, und befahl daher, dass dasjenige von seinen Kindern, bei dem sich dieser Ring fände und dem er ihn hinterließe, für seinen Erben
70 angesehn und von den übrigen als der Vornehmste geachtet und geschätzt werden solle. Sein Erbe beobachtete bei seinen Nachkommen ebendiese von seinem Vorfahren festgesetzte Ordnung,
75 und so ging der Ring von einer Hand in die andre. Endlich kam er an einen Vater von drei Söhnen, die gleich schön, tugendhaft und ihrem Vater äußerst gehorsam waren. Er liebte sie folglich al-
80 le drei gleich stark. Die Söhne kannten die Bedeutung des Ringes, und jeder war begierig, der Erbe zu sein. Jeder bat also den alten Vater, ihm beim Sterben den Ring zu hinterlassen. Der ehrliche
85 Mann, der gleiche Liebe für sie hatte, war wirklich im Zweifel, welchen er zum Besitzer des Ringes machen sollte. Er hatte ihn allen versprochen und war also darauf bedacht, wie er allen dreien
90 sein Versprechen halten wollte. Er ließ daher bei einem guten Künstler insgeheim noch zwei andre Ringe fertigen. Diese waren dem ersten so ähnlich, dass

Darstellung des Sultans Saladin von Babylon und des Juden Melchisedech (Miniatur zum „Decameron", zwischen 1430 und 1440)

Die Bühne: Die „Kanzel" des Dichters Lessing

er selbst kaum den rechten unterscheiden konnte, und als er zum Sterben kam, gab er jedem seiner Söhne heimlich einen davon. Nach dem Tode des Vaters verlangte jeder die Erbschaft nebst der Ehre. Da einer dem andern dieselbe verweigerte, brachte jeder seinen Ring hervor zum Beweise, dass er ein Recht darauf habe. Man fand die Ringe einander so ähnlich, dass der rechte nicht zu unterscheiden war. Die Frage, welcher von ihnen der rechtmäßige Erbe des Vaters sei, blieb daher unentschieden und soll auch heute noch unausgemacht sein. Dies ist, mein Beherrscher, meine Meinung von den drei Religionen, welche Gott der Vater den drei Nationen gegeben hat und worüber ihr die Frage aufwarft. Jede hält ihre Gesetze für wahr und glaubt ihre Gebote unmittelbar von ihm zu haben. Die Frage, wer Recht hat, ist ebenso unentschieden wie die von den drei Ringen." Als Saladin sah, dass der Jude sich sehr gut aus der ihm gelegten Schlinge zu ziehen wusste, entschloss er sich, ihm sein Anliegen vorzutragen, ob er ihm helfen wolle. Er verhehlte ihm auch die Absicht nicht, die er gehabt, wenn er nicht so bescheiden geantwortet hätte. Der Jude ließ sich willig finden, die verlangte Summe vorzustrecken. Saladin zahlte sie ihm nachher völlig zurück und verehrte ihm überdies noch ansehnliche Geschenke.

aus: Giovanni Boccaccio: Das Dekameron. Nach der Übertragung von August Gottlieb Meißner bearbeitet von Johannes von Guenther, Wilhelm Goldmann Verlag, München 1959, S. 31–33

- **1** Erklären Sie nun genauer die Funktion der Ringparabel im Drama.
- **2** Formulieren Sie mit eigenen Worten
   - die Frage, der sich Lessing stellt,
   - die Antwort, die Lessing mittels der Parabel zu geben versucht.
- **3** Mit einem zentralen Paradigma der vorausgehenden Epochen setzt sich Lessing besonders intensiv auseinander: Er fragt nach dem Wesen der Offenbarung und nach ihrer Bedeutung für den Menschen. Welche Antwort gibt die Ringparabel auf die Frage nach der Gültigkeit von Offenbarung?
- **4** Welche Konsequenzen ergeben sich aus der Lehre der Ringparabel
   - für das politisch-öffentliche Leben
   - für das privat-bürgerliche Leben?
- **5** Formulieren Sie für die Welt, in der Sie leben, Verhaltensregeln auf der Basis der Ringparabel.
- **6** Bei einigem Nachdenken werden Sie feststellen, dass die Regeln, die Sie gerade formuliert haben, noch immer nicht überall akzeptiert werden. Entwerfen Sie ein Szenario, in das hinein die Ringparabel erzählt werden könnte.

4.3.4 Leitidee: Toleranz

Christoph Martin Wieland: Vernunft und Toleranz*

Leuchtet uns aber die Fackel der Vernunft, warum sollten wir lieber im Dunkeln als in ihrem Lichte wandeln wollen?
Fühlen und erkennen wir die Ehre und Würde, Menschen (in der engern Bedeutung dieses Nahmens) zu seyn: warum sollten wir nicht wenigstens den Willen haben, alles von uns zu werfen, was uns verhindert, als ächte Menschen zu empfinden, zu denken und zu handeln?
Sind die Grundsätze, die zu Anfang dieser Schrift in Erinnerung gebracht worden, unumstößliche Grundwahrheiten; ist der freye Gebrauch der Vernunft in Beleuchtung und Untersuchung jeder menschlichen Meinung, jedes menschlichen Glaubens, ein unverlierbares Recht der Menschheit, das uns niemand, ohne das größte aller Verbrechen, das Verbrechen der beleidigten menschlichen Natur, zu begehen, rauben kann; wer darf sich vermessen, seinen Bruder in dem Besitz und Gebrauch dieses Rechts zu stören? Ist kein Mensch unfehlbar, ist irren und getäuscht werden etwas von unsrer Natur überhaupt unzertrennliches; giebt es eine unendliche Menge von Gegenständen des Wissens sowohl als des Glaubens, über die es – vermöge der Grenzen, welche die

aus: Christoph Martin Wieland: Über den Gebrauch der Vernunft in Glaubenssachen. In: C. M. Wielands Sämmtliche Werke, neun und zwanzigster Band, a.a.O., S. 54–61; Text in originaler Rechtschreibung

Natur dem menschlichen Geiste gesetzt hat – unmöglich ist völlig ins Klare zu kommen: so trage jeder seine Meinung oder seinen Widerspruch, mit seinen Gründen, bescheiden und gelassen vor, ohne einen andern zu verunglimpfen oder zu verspotten, welcher vernünftige Gründe zu haben glaubt anders zu denken.

Ist die Überzeugung des Verstandes vom Willen unabhängig, kann Irrthum also nie als ein Verbrechen gestraft werden: so erkenne man doch endlich einmahl, daß es Unsinn und Ungerechtigkeit zugleich ist, Nahmen, wodurch bloß verschiedene Vorstellungsarten, verschiedene Begriffe, Lehrmeinungen und Überzeugungen von einander unterschieden werden, zu Schimpfnahmen zu machen! [...]

Narren und böse Leute sind von Natur intolerant. Jene können nicht leiden, daß man anders denke als sie; diese möchten, wo möglich, die ganze Welt nöthigen zu thun und zu leiden was sie wollen. Hätten diese zwey Gattungen von Menschen immer den Meister auf dem Erdboden gespielt, so würde er schon lange eine ungeheure Wildniß und Wüste seyn. Zum Glücke wird die Welt im Ganzen (wie wenig es auch im Besondern das Ansehen hat) von den Klügern und Bessern regiert, und der Weise duldet die Thoren, weil er weise, die Schwachen weil er stark, die Bösen weil er gut ist.

Alexander und Margarete Mitscherlich: Toleranz

[...] Wie die Impulse der Aufklärung nicht wegen der Machtvollkommenheit unbeschränkter Herrscher in vielen Ansätzen verloren gingen, sondern weil sie auf kein adäquates kritisches Bewusstsein, auf keine Toleranzfähigkeit bei den Zeitgenossen trafen, so ergeht es auch uns zweihundert Jahre später. Wir haben eine von der Verfassung garantierte weitgehende Trennung von Kirche und Staat; und trotzdem hat sich in der Praxis der Ämterbesetzung ein konfessionelles Proporzdenken eingebürgert, das stracks der Idee unserer Verfassung zuwiderläuft. Nicht der beste verfügbare Mann an den verantwortlichen Platz, sondern den ersten Anspruch hat die Glaubensgenossenschaft. Kirche und Parteien sind stärker als der Geist der Verfassungsväter. Und doch hat Toleranz keinen anderen Helfer als die Gabe zur Einsicht und zur Einfühlung, die von Einsicht gelenkt ist. Die praktizierte Toleranz ist also gerade nicht unvernünftige Duldung, sondern die Vereinigung von Scharfsinn und Großmut. Großmut, weil die Vielgestaltigkeit menschlicher Ordnungen nicht verleugnet, sondern erlebt und anerkannt wird; Scharfsinn, weil erst der Blick über das hinaus, was wir unsere Ideale nennen, uns neue Erkenntnis über uns selbst erlaubt. Von Toleranz kann gar nicht ohne die Einsicht gesprochen werden, dass es zu meiner eigenen Überzeugung auch gültige gleichwertige Alternativen gibt. Je mehr mich meine Überzeugung auf Intoleranz verpflichtet, desto ungleichgewichtiger wird mein Weltbild; je höher ich mich rangiere, desto tiefer fallen die anderen.

aus: Alexander und Margarete Mitscherlich: Die Unfähigkeit zu trauern. Verlag R. Piper, München ²1968, S. 268 f.

■■ Bearbeiten Sie die beiden Texte:
   a) Was wird jeweils unter Toleranz verstanden?
   b) Welche Forderungen werden jeweils erhoben? Welche Forderungen lassen sich ableiten?
   c) Können Sie auch Unterschiede zwischen beiden Texten feststellen? Welche Gründe vermuten Sie?

■■ Versuchen Sie Ihre Ergebnisse aus der Untersuchung der Ringparabel wie der Konfiguration und der Handlungsentwicklung unter dem Aspekt der Toleranz zu ordnen. Sammeln Sie aus der Tagespresse Berichte oder Bilder, in denen die Frage der Toleranz eine Rolle spielt. Konfrontieren Sie diese mit Stellen aus dem von Ihnen bearbeiteten Drama.

5 Abschluss: Leben wir in einem aufgeklärten Zeitalter?

Günter Grass: Der Traum der Vernunft

Rede zur Eröffnung der Veranstaltungsreihe „Vom Elend der Aufklärung" in der Akademie der Künste, Berlin

Meine Damen und Herren,
bevor Voltaire, Rousseau und Diderot einander widersprechen und eine Epoche ausschreiten, deren verwirrte Nachfahren wir sind, soll eine Grafik vorgestellt werden, deren Emblematik Spekulationen zuläßt. Die Unterschrift „Der Traum der Vernunft erzeugt Ungeheuer" hat Goya einer Aquatinta-Radierung beigegeben, die einen über seinem Schreibwerkzeug schlafenden Mann zeigt, hinter dem Nachtgetier, Eulen und Fledermäuse flattern und ein Raubtier lagert: fast Luchs, noch Katze. Doch da das spanische Wort für Traum auch Schlaf bedeuten kann, könnte der Untertitel des beängstigenden Bildes auch heißen: „Der Schlaf der Vernunft erzeugt Ungeheuer." Und schon ist der Streit entfesselt, tritt das Elend der Aufklärung zutage, sind wir beim Thema.

Zweierlei Tätigkeit wird bildhaft der Vernunft unterstellt: Indem sie träumt, gebiert sie Ungeheuer, ihre Träume sind Ungeheuer – oder: weil die Vernunft schläft, ist den nächtlichen Ungeheuern Freiraum gegeben, macht sich Unvernunft breit, wird das mühsame Werk der Aufklärung überschattet, mit Dunkelheit überzogen, zunichte.

Die erste Deutung spricht für sich: Die Vernunft, des Menschen besondere, ihn auszeichnende Gabe, ist gleichwohl fähig, sobald sie träumt, Ungeheuer, sprich, erschreckende Visionen und Utopien als Schreckensherrschaften zu entwerfen. Vergangenheit und Gegenwart bestätigen diese Deutung, denn alle bis heute wirksamen Ideologieentwürfe sind Träume aufklärender Vernunft und haben – hier als Verelendung produzierender Kapitalismus, dort als mit Zwang herrschender Kommunismus – ihre Ungeheuerlichkeit bewiesen.

Die zweite Deutung wirft Fragen auf, die, sobald sie beantwortet werden, neue Fragen hecken. Etwa: Darf die Vernunft, weil sie schlafend den Ungeheuern, also dem Irrationalismus das Feld überläßt, niemals schlafen? Natürlich nicht, sagen wir. Wo kommen wir hin, wenn die Vernunft schläft. Nie wieder darf die Vernunft schlafen, darf uns die Vernunft einschlafen. Wehret den Anfängen! Nicht einmal ermüdet blinzeln darf sie. Eine allzeit wache Vernunft fordern wir als gebrannte Kinder einer Epoche, in der die Vernunft schlief und das Ungeheuer, Faschismus genannt, geboren wurde.

Dennoch gibt die Gegenfrage nicht Ruhe: Was ist das für eine Vernunft, die nicht schlafen, den Traum nicht zulassen darf? Ist diese immerwache Vernunft nicht gleichfalls schrecklich und tagheller Ungeheuerlichkeiten fähig? Wird diese Vernunft, die aufklären, erhellen, erleuchten soll, nicht letzten Endes – und schon tut sie es – uns alle durchleuchten, durchsichtig, gläsern, erfaßbar machen, auf daß wir ohne Geheimnis und Nachtseite sind? Hat diese überwache, sich wissenschaftlich nennende Vernunft den vormals weitgefaßten Begriff von Fortschritt auf technisches Maß, auf einzig das technisch Machbare reduziert? Eine Vernunft, die nicht schlafen darf, die mittlerweile, selbst wenn sie schlafen wollte, Schlaf nicht mehr fände, eine schlaflose Vernunft gibt kaltes Licht und macht frösteln; dabei wären Träume vonnöten, Nachtflüge der Einbildungskraft und Märchen, aus

Francisco de Goya: Der Schlaf der Vernunft gebiert Ungeheuer (Radierung und Aquatinta, 1797/98)

deren Getier – Fledermaus, Eule und Luchs – gleichwohl Vernunft spräche. [...]

Leicht zu durchschauen ist das, jedoch in eigener Sache befragt, weiß ich nicht ein noch aus. Nicht meiner Neigung nach, pflichtschuldig nur ging ich der Aufklärung, hier Spanndienste, dort Räumarbeit leistend, ins Geschirr; gleichwohl wußte ich früh, daß ihr Begriff von Vernunft mir zu kalt, ihre Moral mir zu selbstgerecht ist. Warum zum Teufel, fragte ich mich, muß Aufklärung so langweilig sein? Immer weiß sie, wohin die Reise zu gehen hat.

Immer sind ihr die Lernziele bekannt. Selbst meine Undeutlichkeiten, die mir lieb sind, will sie ausleuchten. Fortwährend mahnt sie mich, meinem Chaos Zäune zu setzen. Immer besser, sozialer, gerechter, wissender, aufgeklärter zu werden, schreibt sie mir vor. Die Diktatur der Toleranz ist sie, die Tyrannei der Tugend. Ich will aber einer Aufklärung dienen, die Lust bereitet und Auslauf gewährt, die farbig ist und Kleckse erlaubt, die mir nicht weismachen will, daß die Aufklärung des Spießers zum aufgeklärten Spießer Fortschritt bedeutet. Ich, ihr Untertan, will, daß ihre herrschende, überall vorherrschende Vernunft endlich Untertan der geschundenen Natur wird.

Aber kommt dieser Wunschzettel nicht zu spät? Ist nicht schon Ladenschluß, Feierabend? Ist der Versuch, das Elend der Aufklärung einzuklagen, nicht ein Beleg mehr für den weltweit fälligen Schlußbericht: Vom Ende des Menschengeschlechts?

Das Fortschreiben der Aufklärung setzt Zukunft voraus. Selbst wenn sich Kraft fände, ihren vernutzten Zustand wieder aufzuputzen, ihr Elend zu schmälern, bliebe dennoch die Zukunft in weiten Bereichen von Zerstörungsprozessen besetzt, die allesamt vernunftbestimmt sind. Annähernd aufgezehrt oder ruiniert ist die Zukunft: ein Abschreibeprojekt.

Dabei war viel Hoffnung im Spiel, als vor mehr als zweihundertfünfzig Jahren die Aufklärer fleißig wurden und mit dem Talglicht Vernunft gegen Pfaffen und sonstige Dunkelmänner antraten. Es hieß: Wenn man das Menschengeschlecht vom Aberglauben befreie, es richtig erziehe, ihm den Blitzableiter schenke, es fortschreitend durch Elektrifizierung erleuchte und obendrein lehre, richtig die Zähne zu putzen, werde ein neues, verbessertes, Tag und Nacht lesendes, kurzum, ein vom Aberglauben befreites und zwangsläufig gesundes Menschengeschlecht dem ewigen Frieden und der allumfassenden Gerechtigkeit nahe sein.

Diese Hoffnung trog, wie wir wissen; oder sie ging pragmatischer auf als gedacht. Weder hat die Elektrifizierung den Menschen verbessert, noch wird das Kabelfernsehen ihn frei und mündig machen. Dem neuen, diesmal technischen Aberglauben anhängend, trat, nach wechselnder Mode gekleidet, der alte Adam hervor; eher ist er grausamer, gewiß zynischer und – weil mit Hilfe des technischen Fortschritts besser instrumentiert – gründlicher geworden, sobald sein Hang zur Zerstörung freigesetzt wird.

Natürlich tritt dieser neue, aufgeklärte alte Adam nicht nur als menschliche Bestie auf; immerhin ist er halbwegs demokratischer, bei Sonntagslaune toleranter, beim Aufteilen der Zuwächse und des Raubbaus sozialer, wenn nicht klüger, so doch schlauer und – statistisch gewertet – langlebiger geworden. Soll das die Ausbeute der Aufklärung sein? War mehr nicht drin?

aus: Günter Grass: Werkausgabe in zehn Bänden. Band IX: Essays, Reden, Briefe, Kommentare. Herausgegeben von Volker Neuhaus, Hermann Luchterhand Verlag, Darmstadt 1987, S. 886 f., 889 f.

Führen Sie eine Meinungsumfrage im Rahmen Ihrer Schule durch: Herrscht an unserer Schule der Geist der Aufklärung?

1. Wie deuten Sie das Bild von Goya?
2. Worin besteht nach Grass „das Elend der Aufklärung"?
3. Sind die Zustände, die Grass beklagt, notwendige Folgen der Aufklärung oder beruhen sie auf falsch verstandener Aufklärung?
4. Diskutieren Sie noch einmal – unter Einbeziehung auch dessen, was Sie erarbeitet haben –: Leben wir in einem aufgeklärten Zeitalter?
5. Diskutieren Sie: Ist es überhaupt wünschenswert, in einem aufgeklärten Zeitalter zu leben?
6. Überlegen Sie: Was müsste sich ändern, damit wir davon sprechen könnten, in einem aufgeklärten Zeitalter zu leben?

Bildquellen

Cover: AKG, Berlin; **S. 2:** AKG, Berlin; Staatsschauspiel (Hans Ludwig Böhme), Dresden; dpa (Bernhard Frye), Frankfurt/M.; **S. 7:** AKG, Berlin; **S. 9:** BPK (Alfredo Dagli Orti), Berlin; **S. 10:** BPK; Berlin; **S. 11:** Photo Deutsches Museum, München; **S. 15:** AKG, Berlin; **S. 21:** AKG, Berlin; **S. 26:** AKG, Berlin; **S. 27:** BPK, Berlin; **S. 28:** BPK (Lutz Braun), Berlin; **S. 30 u. 31:** aus: Äsopische Fabeln von G. E. Lessing. Hrsg. von Walter Pape, Henschel Verlag, Berlin 1987, S. 53; **S. 32:** aus: Äsop-Fabeln, ausgew. und bearb. von Victor Zobel, Insel-Verlag Leipzig 1980, S. 5; **S. 33:** AKG, Berlin; **S. 36:** Ullstein Bild GmbH, Berlin; **S. 38:** AKG, Berlin; **S. 40:** Bildarchiv Foto Marburg, Kunsthistorisches Museum, Wien; **S. 43:** Universitätsbibliothek Leipzig; **S. 46 u. 47:** Staatsschauspiel (Hans Ludwig Böhme), Dresden; **S. 49:** Bildarchiv Foto Marburg, Belvedere, Österreichische Galerie, Wien; **S. 53:** AKG, Berlin; **S. 54:** AKG (Heiner Heine), Berlin; **S. 56:** dpa (Bernhard Frye), Frankfurt/M.; **S. 58:** aus: Das Decamerone. Boccaccio. Productions Liber SA and Editions Minerva SA, Fribourg-Geneve, 1978; **S. 61:** AKG, Berlin

Trotz aller Bemühungen war es uns in einigen Fällen nicht möglich, den Rechteinhaber ausfindig zu machen. Berechtigte Ansprüche werden selbstverständlich im Rahmen der üblichen Vereinbarungen abgegolten.

1. Auflage   A 1 5 4 3 2 1 | 2006 2005 2004 2003 2002

Alle Drucke können nebeneinander benutzt werden, sie sind untereinander unverändert. Die letzte Zahl bezeichnet das Jahr dieses Druckes.
Dieses Werk folgt der reformierten Rechtschreibung. Ausnahmen bilden Texte, bei denen künstlerische, philologische oder lizenzrechtliche Gründe einer Änderung entgegenstehen.

© Ernst Klett Schulbuchverlag Leipzig GmbH, Leipzig 2002
Internetadresse: http://www.klett-verlag.de
Alle Rechte vorbehalten.

Redaktion: Eva Kaiser
Umschlaggestaltung: Team für Gestaltung, Jülich
Satz: Ernst Klett Schulbuchverlag Leipzig GmbH, Leipzig

Druck: W. Wirtz, Speyer

ISBN 3-12-347474-7